CONTABILIDADE EMPRESARIAL

Adriano Rodrigues • Josir Simeone Gomes

Textos e Casos sobre CPC e IFRS

CONTABILIDADE EMPRESARIAL

Adriano Rodrigues • Josir Simeone Gomes

ELSEVIER

CAMPUS

Copidesque: Renato Mello Medeiros
Revisão: Hugo de Lima Corrêa
Editoração Eletrônica: Estúdio Castellani

Elsevier Editora Ltda.
Conhecimento sem Fronteiras
Rua Sete de Setembro, 111 – 16º andar
20050-006 – Centro – Rio de Janeiro – RJ – Brasil

Rua Quintana, 753 – 8º andar
04569-011 – Brooklin – São Paulo – SP – Brasil

Serviço de Atendimento ao Cliente
0800-0265340
atendimento1@elsevier.com

ISBN 978-85-352-6968-0
ISBN (versão digital): 978-85-352-6969-7

Nota: Muito zelo e técnica foram empregados na edição desta obra. No entanto, podem ocorrer erros de digitação, impressão ou dúvida conceitual. Em qualquer das hipóteses, solicitamos a comunicação ao nosso Serviço de Atendimento ao Cliente, para que possamos esclarecer ou encaminhar a questão.

Nem a editora nem o autor assumem qualquer responsabilidade por eventuais danos ou perdas a pessoas ou bens, originados do uso desta publicação.

CIP-Brasil. Catalogação na Publicação
Sindicato Nacional dos Editores de Livros, RJ

R611c Rodrigues, Adriano
Contabilidade empresarial: textos e casos sobre CPC e IFRS / Adriano Rodrigues, Josir Gomes. – 1. ed. – Rio de Janeiro: Elsevier, 2014.
320 p.: il.; 24 cm.

Inclui bibliografia
ISBN 978-85-352-6968-0

1.Contabilidade. 2. Administração. I. Gomes, Josir. II. Título.

14-13570 CDD: 657
CDU: 657

DEDICATÓRIA

Para nossas famílias, amigos e alunos.
Com muita paixão pela arte de ensinar e aprender a cada dia...

AGRADECIMENTOS

Primeiramente a Deus, que nunca nos faltou.

Aos Professores Sergio Iudícibus, Eliseu Martins e Hugo da Rocha Braga (*In Memoriam*), pelo exemplo e dedicação ao ensino da Contabilidade no Brasil.

Aos nossos alunos e clientes que nos têm propiciado a experimentação dos conhecimentos de Contabilidade na prática diária.

Aos Editores que acreditaram em nossa proposta de inovação na área contábil, com a utilização de casos práticos abordando as normas internacionais de Contabilidade.

E, por último, aos nossos familiares pela paciência com nossa ausência e incentivo ao nosso sonho literário.

Adriano Rodrigues e Josir Simeone Gomes

SOBRE OS AUTORES

Adriano Rodrigues é doutor em Controladoria e Contabilidade pela Universidade de São Paulo – USP (2008). Mestre em Ciências Contábeis pela Universidade Federal do Rio de Janeiro – UFRJ (2003). Bacharel em Ciências Contábeis pela Universidade Federal do Espírito Santo – UFES (1998). Atualmente é professor da área de Contabilidade e Finanças da Universidade Federal do Rio de Janeiro – UFRJ, atuando como docente permanente nos Programas de Pós-Graduação do Instituto COPPEAD (Mestrado e Doutorado em Administração) e da FACC (Mestrado e Doutorado em Ciências Contábeis). Realiza pesquisas especialmente sobre os seguintes temas: Informação ao Mercado, *International Financial Reporting Standards* – IFRS, Contabilidade em Mercados Regulados. É autor de livros e artigos científicos publicados em periódicos da área de Administração e Ciências Contábeis. Já atuou como coordenador de cursos, treinamentos e projetos na área contábil-financeira realizados na UFRJ (COPPEAD e FACC), BNDES, VALE, PETROBRAS, dentre outras experiências.

Josir Simeone Gomes é Pós-Doutorado na Universidad Carlos III de Madrid, na Espanha (1995), e Curso de Especialização em Aprendizado na Harvard

Business School (2004). Doutorado em Administração pela COPPEAD – Universidade Federal do Rio de Janeiro (1983). Mestrado em Administração pela COPPEAD – Universidade Federal do Rio de Janeiro (1978). Livre-Docente em Contabilidade pela FEA/UFRJ (1985). Graduação em Ciências Contábeis pela Fundação Getulio Vargas (1973), Graduação em Ciências Econômicas pela Universidade Federal do Rio de Janeiro (1972), Professor Conferencista na Universidad Carlos III de Madrid, Universidad de Valencia, Universidad de Alcalá de Henares, na Espanha, Universidad Católica del Peru. Ex-Diretor do COPPEAD/UFRJ. Atuou como Professor na FGV, Coppead, Ibmec e Uerj. Foi Pró-Reitor de Patrimônio e Finanças da UFRJ e Presidente do Conselho Curador da Fundação José Bonifácio. Tem experiência na área de Administração e Contabilidade, atuando principalmente nos seguintes temas: controle gerencial, orçamento, contabilidade gerencial, internacionalização e metodologia do ensino superior. Coordenador da Linha de Pesquisa sobre Controle Gerencial em Empresas Internacionalizadas. Autor de quatro livros no Brasil e mais de 100 artigos publicados no Brasil e exterior. Acadêmico da Associação Nacional de Economia – ANE. Atualmente é professor Adjunto Doutor no Programa de Mestrado e Doutorado em Administração da Universidade Unigranrio.

PREFÁCIO

Quando soube que os Professores Josir e Adriano estavam atualizando o texto original que deu origem a este que temos em mãos fiquei muito contente por duas razões: primeiro porque dois dos Professores que mais admiro na área estavam trabalhando juntos em um texto didático (todos os que lecionam cursos de Contabilidade sabem da importância disto) e, em segundo lugar, porque este texto, um dos mais adequados que temos quando os alunos não têm formação financeira, merecia um trabalho de atualização digno da sua relevância.

Depois, quando fui convidado para escrever este prefácio, fiquei verdadeiramente honrado. Afinal, Josir foi meu Professor por duas vezes: primeiro na Especialização e, depois, no Mestrado. Em ambas as oportunidades aprendi com ele não só sobre a Contabilidade em si, mas também, por seu exemplo, como se deve lecionar esta Disciplina para não Contadores. Professor Josir tem uma história profissional inspiradora e aparenta ter o "toque de Midas" pelo enorme sucesso em todos os campos de atuação. O Professor Adriano, tive a oportunidade de conhecer poucos anos faz. Nestes poucos anos tenho tido a oportunidade de observar de perto seu trabalho e me admirar com seu talento e produtividade. Dividimos uma disciplina no Programa de Mestrado do COPPEAD e colaboramos em algumas outras frentes e, a cada colaboração, cresço em admiração por ele.

Assim, tive a possibilidade de analisar o texto por dois ângulos simultâneos: o de aluno e o de docente. Na minha opinião, o texto que tenho em mãos é digno da competência dos seus Autores; fácil de ler, atual e focado em facilitar a compreensão do aluno em temas, algumas vezes, descritos de forma tão árida em outras obras didáticas.

Ao começar tratando a Contabilidade como um "idioma" mais que uma tecnologia, os Autores dão o tom do que a obra pretende: permitir ao aluno compreender aquilo que as entidades comunicam por meio de seus relatórios.

No capítulo segundo a apresentação das duas visões sobre a Contabilidade: a tradicional, pautada no método das partidas dobradas, e a Estrutura Conceitual IASB/CPC, que permite que o leitor conheça os princípios que suportam os relatórios financeiros que serão discutidos na segunda parte do livro.

Os três capítulos que compõem esta segunda parte e se constituem no cerne da obra focam nos três relatórios de maior poder informativo e, consequentemente, mais importantes para quem utiliza a informação contábil para suportar suas decisões de investimento: o Balanço Patrimonial, a Demonstração do Resultado do Exercício e o Fluxo de Caixa. Nos três casos os autores optaram pela lógica de deixar claro para o leitor o que significam as informações listadas em cada um dos relatórios, o que deve facilitar bastante uma posterior "leitura de relatórios" dos alunos que tiverem a sorte de estudar por este texto. Depois, suportado por um conjunto adequado de exercícios (ou casos), o Professor que adotar o texto poderá fixar os conceitos apresentados na parte conceitual.

Na última parte do livro Josir e Adriano fazem uma breve introdução ao processo de análise econômico-financeira dos relatórios financeiros. Aqui, talvez por não ser este o principal objetivo da obra, eles optaram por não inovar. Ou seja, os conceitos apresentados de forma clara e abrangente são os tradicionais e normalmente encontrados em outras obras disponíveis no mercado editorial. Pessoalmente considero isto perfeitamente adequado ao escopo do livro e imagino que docentes que o adotem não abordaram questões mais complexas referentes à análise financeira.

Por fim, o último capítulo traz, de modo bem estruturado, o conhecimento fundamental para qualquer gestor que é a análise de custos. Estes conceitos simples, porém de valor inestimável para tomada de decisões gerenciais, estão muito bem apresentados e suportados por um conjunto muito bom de casos (ou exercícios).

Por fim, não tive chance de analisar as soluções dos casos e exercícios propostos que, imagino, como de praxe, estarão disponíveis na internet para os docentes que o adotarem.

Imagino que, como eu, os demais docentes da área ficarão felizes em poder contar com um texto de tão boa qualidade, devida e perfeitamente atualizado e respaldado por autores de reputação profissional inquestionável.

Vicente Ferreira
Professor e atual diretor do Instituto COPPEAD da UFRJ.

NOTA DOS AUTORES

O objetivo deste livro é fornecer um conjunto de conceitos contábeis básicos que possam ser utilizados pelos mais diversos tipos de usuários no processo de tomada de decisão, de modo a suprir uma carência observada em cursos de Graduação, Pós-Graduação, MBA e em treinamento empresarial, que em muitos casos apresentam um grande número de participantes com formação técnica em áreas não relacionadas à Contabilidade.

A experiência dos autores nesses cursos e treinamentos, cujo objetivo não é formar preparadores de relatório contábil-financeiro, mas profissionais que sejam capazes de interpretar e tomar decisões a partir das informações oriundas desse tipo de relatório, demonstra que os conceitos contábeis, via de regra, são de difícil assimilação por parte deste tipo especial de aluno, devido principalmente ao método de ensino utilizado pelos professores e instrutores.

Ao concentrarem a atenção nos aspectos rotineiros de registro das operações, bem como no tradicional débito e crédito, sem abordar corretamente o verdadeiro objetivo da contabilidade, isto é, "fornecer informações sobre a **posição patrimonial e financeira**, o **desempenho** e as **mudanças na posição financeira** das empresas, que sejam úteis a um grande número de usuários em suas avaliações e tomadas de decisão econômica"[1], acabam por aumentar o desinteresse pela disciplina, impedindo que os alunos sejam capazes de vislumbrar a importância do assunto no processo decisório de diversos agentes econômicos.

> Outro sério problema diz respeito à falta de entendimento por parte de alguns gestores e empresários a respeito da finalidade da Contabilidade. Em muitos casos, a Contabilidade é entendida, única e exclusivamente, como um mecanismo cuja finalidade principal é a redução dos pagamentos de impostos. Em função dessa cultura empresarial ainda presente na gestão de negócios no Brasil, muitos profissionais da área contábil deixam de enfocar os aspectos empresariais, para concentrarem a atenção nos aspectos fiscais e legais.

Por outro lado, percebe-se que a contabilidade passa por um intenso processo de mudança, visando adaptar a metodologia brasileira aos padrões internacionais de contabilidade. Cabe ressaltar que "A Nova Contabilidade no Brasil" deverá ser adotada por organizações e instituições de diferentes origens (privada e pública) e portes (grande, médio e pequeno).

Para o grupo formado por empresas de origem privada e de grande porte, as mudanças na contabilidade brasileira foram, inclusive, legalmente aprovadas, sendo que desde as publicações das demonstrações contábeis referentes ao ano de 2008 já é possível observar alguns efeitos oriundos desse processo de internacionalização da contabilidade. Dentre as evidências que fundamentam essa nova contabilidade para as empresas privadas de grande porte, destacam-se:

- As alterações contábeis inseridas na legislação societária brasileira, especialmente pela aprovação da Lei n. 11.638/2007 e da Lei n. 11.941/2009.
- A criação e o fortalecimento do Comitê de Pronunciamentos Contábeis (CPC), inclusive com fundamentação legal (veja o art. 5º da Lei n. 11.638/2007).

---

[1] Esse objetivo é o que foi estabelecido na nova estrutura conceitual da contabilidade – *Framework*.

- A exigência das demonstrações contábeis consolidadas no padrão IFRS (*International Financial Reporting Standards*) desde 2010, conforme normatização dos órgãos reguladores. Por exemplo, Comissão de Valores Mobiliários – CVM e Banco Central do Brasil – BACEN.

Assim, torna-se notório que a contabilidade no Brasil passou a seguir o mesmo rumo tomado por mais de 100 países no mundo que já adotam o *International Financial Reporting Standards* (IFRS). Diante desse cenário, ajustar-se ao IFRS, muito mais do que uma obrigatoriedade, é uma grande oportunidade de se integrar à nova linguagem internacional dos negócios, que favorecerá o entendimento das demonstrações contábeis por parte dos investidores, dos órgãos reguladores e dos agentes do mercado em um contexto global.

As principais vantagens que as empresas privadas de grande porte poderão obter ao adotar o padrão IFRS estão relacionadas com os seguintes pontos: i) fazer com que a informação contábil reflita a realidade econômica das empresas, ii) melhorar o potencial para expandir seu mercado de atuação e iii) trazer reduções no custo de capital e no custo de transações.

Outro grupo relevante nesse cenário de mudanças na contabilidade é formado por empresas de origem privada, mas de pequeno e médio porte. Nesse caso, em dezembro de 2009, o Comitê de Pronunciamentos Contábeis (CPC), tendo como base a norma *IFRS for Small and Medium Enterprises* (IFRS para Pequenas e Médias Empresas), aprovou o Pronunciamento técnico PME, denominado "Contabilidade para Pequenas e Médias Empresas". Cabe destacar que essa norma também foi aprovada pelo Conselho Federal de Contabilidade, por meio da Resolução CFC n. 1.255/2009 (NBC T 19.41), passando a ser de observância compulsória por todos os profissionais de contabilidade do Brasil.

Espera-se que essa norma de contabilidade para pequenas e médias empresas proporcione diversos benefícios, tais como: i) melhorar o controle da gestão dessas empresas, ii) facilitar o acesso a mercados internacionais e iii) reduzir o custo de captar recursos financeiros no mercado. Além disso, essa norma proporciona uma simplificação ao processo de contabilização quando comparado com o padrão IFRS completo, mas mantendo um elevado nível de qualidade e transparência nas demonstrações contábeis das pequenas e médias empresas.

Outro ponto relevante que merece destaque para empresas privadas de todos os portes (pequeno, médio e grande) é a recente publicação da Lei nº 12.973/2014, decorrente da conversão da Medida Provisória nº 627/2013, que unifica os padrões contábeis e fiscais para efeito da tributação dos resultados a partir de 2014 (para quem fez a opção antecipada) e 2015 (para as demais empresas). Essa nova legislação traz uma inédita convergência tributária às normas contábeis no padrão CPC e IFRS, resultando no fim da neutralidade fiscal na apuração do IRPJ e da CSLL, em relação aos novos critérios contábeis introduzidos no Brasil.

Já um último grupo que também será afetado por mudanças na contabilidade é formado por instituições de origem pública (federal, estadual e municipal). Isso irá ocorrer porque desde a Portaria n. 749, publicada no Diário Oficial da União em 15 de dezembro de 2009, ficou estabelecido uma aproximação entre a contabilidade pública e privada, em direção às normas internacionais. Uma mudança significativa nesse setor será o registro de ativos e passivos da área pública com base no regime de competência. Outra alteração é a de enfoque, mudando do regime orçamentário para o regime patrimonial. Em função disso, deverão ser desenvolvidos controles precisos sobre o valor de cada item do patrimônio de municípios, estados e União. Para tanto, cálculos de depreciação levando em consideração a vida útil dos bens serão efetuados.

> De volta aos propósitos elementares deste livro, a premissa básica que norteou sua elaboração é que os participantes de muitos cursos de Graduação, Pós-Graduação, MBA e em treinamento empresarial desejam ler e interpretar relatórios financeiros para tomarem melhores decisões à frente de seus negócios, mas não desejam se tornar Contadores.

Assim, este livro foi concebido com a finalidade de fornecer informações relevantes que capacitem os usuários a administrarem seus negócios de uma forma mais segura e objetiva, preparando-os à leitura e interpretação dos diversos relatórios financeiros elaborados pelos profissionais da Contabilidade. Além disso, o conteúdo do livro e os casos que serão abordados ao final de cada capítulo encontram-se devidamente atualizados com o novo padrão contábil brasileiro, que é aprovado pelo CPC e está alinhado ao IFRS.

Com intuito de organizar o conteúdo abordado e facilitar o processo de aprendizagem dos alunos, o livro foi estruturado em três partes:

I. **Internacionalização e Estrutura da Contabilidade** – explica por qual motivo a Contabilidade é considerada a linguagem dos negócios, apresenta o papel do IASB e a relevância do IFRS no mundo e a inserção do CPC no Brasil. Também aborda a estrutura da contabilidade com dois enfoques: i) o método das partidas dobradas e ii) a estrutura conceitual (*conceptual framework*) que norteia a elaboração e apresentação das demonstrações contábeis e financeiras.

II. **A Informação Contábil-Financeira (*Financial Reporting*)** – essa parte busca apresentar de modo objetivo e prático as particularidades da informação contábil-financeira reportada nas três demonstrações contábeis (*Financial Reporting*) mais relevantes do ponto de vista empresarial:

- Balanço Patrimonial
- Demonstração do Resultado
- Demonstração dos Fluxos de Caixa

III. **Introdução à Análise Econômico-Financeira de Empresas** – na terceira e última parte do livro, o processo de análise das demonstrações contábeis é abordado de modo inicial e introdutório, assim como discutidas algumas noções de análise de custos.

Dentro desse contexto, cada capítulo do livro foi idealizado para que o leitor tenha condições de assimilar o conteúdo com pouco tempo de leitura, sem prejuízo de suas atividades diárias. No final de cada seção serão utilizados casos práticos, abordando problemas contábeis reais, encontrados nos mais diversos tipos de empresas e negócios, de modo a relacionar os conceitos apresentados com situações práticas, objetivando facilitar a fixação do aprendizado.

Nas situações em que for utilizado como livro-texto em cursos de Graduação, Pós-Graduação, MBA e em treinamento empresarial, sugerimos que, em cada aula ou sessão, o capítulo seja dividido em duas partes. Uma dedicada à apresentação e discussão dos conceitos e a outra à preparação e discussão dos casos pelos participantes (de preferência em grupos).

Diferentemente de outros livros já publicados sobre contabilidade, neste livro adotamos o método de aprendizado ativo que valoriza a participação do aluno em sala de aula.

Os autores

SUMÁRIO

Parte I

INTERNACIONALIZAÇÃO E ESTRUTURA DA CONTABILIDADE

Capítulo 1

INTERNACIONALIZAÇÃO DA CONTABILIDADE

OBJETIVOS DO CAPÍTULO

- Explicar por qual motivo a Contabilidade é considerada a linguagem dos negócios.
- Apresentar o órgão responsável pela internacionalização da contabilidade no mundo.
- Contextualizar o processo de adoção do padrão IFRS no Brasil, por meio do CPC.

1.1 Introdução

De modo simples e direto, pode-se dizer que o objetivo fundamental da contabilidade é **fornecer informações úteis aos seus usuários**.

Um aspecto importante deste objetivo diz respeito à contabilidade como instrumento fundamental no processo de comunicação empresarial entre os diferentes agentes do mercado, tais como: gestores, acionistas, investidores, instituições financeiras etc.

Também deve ser entendido que a contabilidade não é uma propriedade do Contador e nem a ele se destina. Compete a este importante profissional comunicar da forma mais apropriada possível essa informação, que irá auxiliar diversos tomadores de decisão.

Uma vez que as informações contábeis devem ser úteis aos seus usuários, algumas questões relevantes precisam ser respondidas pela Contabilidade:

QUAL O RETORNO?

QUAL O PATRIMÔNIO?

QUAL A SITUAÇÃO FINANCEIRA?

Os investimentos realizados por qualquer pessoa, seja ela pessoa física ou pessoa jurídica, têm como característica fundamental a expectativa de um determinado retorno sobre o capital investido, durante um determinado período de tempo.

De forma bastante simplificada, vejamos o exemplo de uma pessoa que, tendo recebido uma herança de um parente, resolvesse fazer uma aplicação em uma instituição financeira, no valor de R$ 100.000,00 e, no final de um ano, ao verificar as informações fornecidas pelo banco, tivesse, agora, a quantia de R$ 115.000,00.

De posse destas informações poderíamos responder às três questões inicialmente propostas: o retorno foi de R$ 15.000,00, ou em termos percentuais, 15%

sobre o capital aplicado, e o patrimônio era R$ 100.000,00 no início do período e R$ 115.000,00, no final do período. Quanto à terceira questão, da situação financeira, também é possível responder afirmando que seriam os R$ 115.000,00, já que seriam estes os recursos financeiros disponíveis para serem utilizados pelo investidor para as mais diversas finalidades: reinvestir o dinheiro, comprar bens, liquidar dívidas etc.

Em resumo, teríamos:

1. Origem dos recursos ou patrimônio inicial (herança)	R$ 100.000,00
2. Aplicação dos recursos (na instituição financeira)	R$ 100.000,00
3. Retorno sobre o capital (juros da aplicação)	R$ 15.000,00
4. Patrimônio atual (herança + retorno)	R$ 115.000,00
5. Situação financeira (disponível)	R$ 115.000,00

Apesar da simplicidade do exemplo[1], pode-se dizer que estas devem ser três questões-chave para a Contabilidade fornecer informações úteis aos seus usuários, pois são questões que interessam a todos, através dos tempos e em qualquer parte do mundo. Sempre queremos saber quanto temos, quanto ganhamos e se temos o suficiente para concretizar nossos projetos ou atender nossos compromissos com terceiros. Naturalmente, os gestores de negócios empresariais sempre estarão buscando respostas para essas questões. Sendo assim, a Contabilidade deve estar sempre preparada para fornecer tais informações.

Para finalizar a introdução deste capítulo, deve-se destacar que não é objetivo desse livro tratar das questões relacionadas com a contabilidade fiscal ou tributária, pois a abordagem proposta aqui é da contabilidade financeira com enfoque empresarial.

[1] Um caso melhor estruturado, mas também introdutório sobre esse assunto, será apresentado ao final deste capítulo: Caso 1 – O Espólio de Sophia.

1.2 Contabilidade: a linguagem dos negócios

Quando operando uma multifacetada e complexa operação em cerca de 150 países ao redor do globo, uma linguagem comum é essencial. Essa linguagem, ainda mais universal hoje do que o Inglês, é a contabilidade.

(MACINTOSH, N. B., 1994, P.1)

A contabilidade é uma ciência social aplicada e não uma ciência exata como a matemática. Em função dessa importante característica, a informação contábil pode ser fortemente influenciada pelo ambiente legal, cultural e econômico de cada país. Dessa forma, ao longo da evolução histórica da contabilidade no mundo, fica evidente que cada país acabou produzindo suas normas e regras contábeis levando em consideração seu próprio contexto social, o que resultou em expressivas divergências no processo de elaboração e apresentação da informação contábil-financeira (*Financial Reporting*).

Dentre os fatores que mais contribuíram para essas divergências internacionais da informação contábil-financeira, destacam-se:

- **A estrutura legal dos países:** o sistema legal vigente, *Code law* (visão legalística, com base no direito romano) ou *Common law* (visão não legalística, com base no direito consuetudinário), normalmente é capaz de influenciar as normas contábeis e, consequentemente, as demonstrações reportadas pelas empresas.

- **Influência das regras tributárias:** em muitos países a legislação tributária tem influência sobre a contabilidade das empresas. O grande problema nesses casos é que o fisco tem objetivos voltados para tributação do lucro, portanto, diferem dos demais usuários da informação contábil. Assim, normas contábeis voltadas para informação ao mercado tendem a ser diferentes das regras tributárias.

- **Forma de captação de recursos:** nos países em que o mercado de capitais é maduro e representa uma importante forma de captação de recursos, por exigência das agências reguladoras e dos próprios investidores, as empresas tendem a divulgar mais detalhadamente sua informação contábil-financeira (*Financial Reporting*) para todos os interessados (também conhecidos como *Stakeholders*). Por outro lado, países em que o mercado de capitais é frágil e pouco representativo como fonte para captação de recursos, normalmente apresentam uma tradição de segredo em relação à divulgação desse tipo de informação.

Com o processo de internacionalização das empresas e dos mercados de capitais e de crédito, torna-se ainda mais relevante o papel da contabilidade como a linguagem dos negócios. Dificilmente um investidor irá alocar seus recursos numa empresa, assim como uma instituição financeira irá conceder créditos, sem antes ler sua informação contábil-financeira (*Financial Reporting*).

Contudo, o excesso de idiomas contábeis naturalmente dificulta o processo de comunicação entre agentes econômicos de diferentes países. Isso porque a contabilidade produz informações relevantes para investidores e instituições financeiras de diferentes países avaliarem riscos e oportunidades de investimento e de crédito. Veja o caso da Daimler-Benz (Quadro 1.1)

QUADRO 1.1

O Caso Clássico da empresa alemã Daimler-Benz

Ano de 1994...

A **Daimler-Benz** tinha o objetivo de captar recursos no mercado de capitais dos USA. Para isso, teve que converter suas demonstrações contábeis do padrão alemão para o americano, conhecido como USGAAP.

GAAP Alemão	***lucro***	US$ 370 milhões
USGAAP	***prejuízo***	US$ 1 bilhão

Diferença de Resultado = US$ 1.370 milhão

Em diversas escolas de negócios (*business school*) ao redor do mundo, esse caso clássico da empresa alemã Daimler-Benz, ocorrido em 1994, quando do seu processo de captação de recursos no mercado de capitais dos USA, é utilizado para discutir questões como:

- ✓ O que pode justificar uma diferença tão expressiva no resultado de uma empresa ao converter suas demonstrações contábeis de um país para outro?
- ✓ É possível internacionalizar os mercados financeiros de crédito e de capitais com os países adotando diferentes padrões contábeis?
- ✓ O que pode ser feito para tentar resolver problemas como esse vivenciado pela empresa Daimler-Benz?

SUGESTÃO!

As respostas mais técnicas para essas questões serão discutidas e aprofundadas em diversos capítulos deste livro. Contudo, sugerimos aos alunos (conduzidos por seu professor) que promovam um debate em torno dessas questões de modo livre e aberto. O objetivo não é chegar a respostas pontuais e conclusivas, mas despertar o interesse para essa visão da contabilidade como linguagem dos negócios em um mundo cada vez mais global e menos local do ponto de vista financeiro, no que diz respeito aos processos de financiamentos e investimentos empresariais.

1.3 Surgimento do IASB e do IFRS

Diante desse cenário de internacionalização dos mercados, surge no ano de 2001 o **IASB** (*International Accounting Standards Board*), órgão independente que se destina ao estudo e elaboração de normas contábeis internacionais. Cabe ressaltar que o IASB é o sucessor do **IASC** (*International Accounting Standards Committee*), órgão que foi criado em 1973.

Os principais objetivos do IASB são:

- Estabelecer um conjunto de normas contábeis globais.
- Promover seu uso e aplicação no maior número de países.
- Promover a convergência entre as normas contábeis locais e as normas internacionais de contabilidade.

O IASB foi quem criou a sigla **IFRS** (*International Financial Reporting Standards*). As normas IFRS são um conjunto de pronunciamentos de contabilidade internacional publicados e revisados pelo próprio IASB. Em 2005 as normas IFRS tornaram-se obrigatórias nos países da União Europeia. No Brasil, a partir de 2010, tornou-se obrigatório para empresas de capital aberto, bancos e seguradoras. No mundo, já são mais de 100 países em convergência com o IFRS.

As vantagens do processo de internacionalização da contabilidade estão normalmente relacionadas com os seguintes aspectos:

- A contabilidade é a linguagem dos negócios. Muitos "idiomas contábeis" dificultam o processo de comunicação entre países. Logo, a internacionalização das normas contábeis facilita e estimula o fluxo de capital entre países.
- Reduz a assimetria informacional[2] entre empresas, investidores e instituições financeiras.
- Pode reduzir o custo de capital das empresas, pois melhora a qualidade das informações publicadas.

---

[2] O processo de internacionalização da contabilidade não é capaz de acabar com a "assimetria informacional" e o problema de alguns agentes econômicos terem mais informações do que outros. Um conjunto de normas contábeis globais pode apenas reduzir esse problema quando os agentes econômicos são de diferentes países.

Cabe ressaltar que o processo de internacionalização promovido pelo IASB, por meio do padrão contábil IFRS, não muda a essência do objetivo da contabilidade de **fornecer informações úteis aos seus usuários**, mas o fortalece em âmbito internacional ao promover a convergência da contabilidade ao redor do mundo.

Por outro lado, o padrão contábil IFRS provocou profundas mudanças em muitos países ao estabelecer uma **contabilidade baseada em princípios e não em regras**. Mas o que isso realmente significa em termos práticos? Quais as principais consequências desta mudança?

Vejamos algumas considerações relevantes ao sair de uma contabilidade baseada em "regras" para uma contabilidade baseada em "princípios":

➢ Certamente aumentou o grau de **julgamento** dos responsáveis pela elaboração e pela auditoria das demonstrações financeiras (*Financial Reporting*) das empresas.

➢ Os profissionais passaram a ter **maior responsabilidade** na seleção e na aplicação das premissas e estimativas contábeis. Por exemplo: definir taxas de depreciação, valor justo de instrumentos financeiros derivativos e das provisões.

➢ Aplicar os princípios do IFRS requer a **integração de profissionais de diferentes áreas**, pois demanda a participação de administradores, economistas, engenheiros e advogados da empresa. Por exemplo: estimar a vida útil de máquinas e equipamento, definir taxas de descontos para realizar o ajuste a valor presente de recebíveis, interpretar cláusulas contratuais estabelecidas em operações de combinação de negócios.

➢ Divulgar informações em **Notas Explicativas com maior qualidade e relevância** para os usuários das demonstrações financeiras torna-se primordial na lógica do Padrão IFRS baseado em princípios. Se por

> um lado os contadores e gestores poderão exercer maior julgamento quando da elaboração das demonstrações financeiras (*Financial Reporting*) das empresas, por outro lado estarão obrigados a fornecer informações detalhadas sobre suas políticas contábeis, procedimentos, cálculos e transações relevantes que possam impactar o entendimento e compreensão de suas principais demonstrações: Balanço Patrimonial, Demonstração de Resultados e Demonstração dos Fluxos de Caixa.

Sendo assim, podemos dizer que uma das premissas do padrão contábil IFRS é que maiores e melhores informações divulgadas pelas empresas diminuem as incertezas dos usuários, que conseguem tomar melhores decisões econômicas. Outra premissa muito relevante é que os critérios de reconhecimento e mensuração do IFRS têm como **foco principal o resultado econômico**. Deve-se alcançar uma visão verdadeira e justa *(True and Fair View)* a partir das demonstrações financeiras das empresas.

Em outras palavras, o padrão contábil IFRS busca retratar a essência econômica das transações de uma empresa ao invés de ter como foco apenas a sua forma jurídica. Isso também pode ser denominado como **princípio da essência sobre a forma**.

Um exemplo bastante claro dessa mudança trazida pelo IFRS está no próprio conceito de **Ativo**. É comum encontrar em diversos livros de contabilidade a definição de Ativo como simplesmente **Bens + Direitos**. Entretanto, o conceito de Ativo para o IFRS é bem melhor elaborado, pois ele é definido como um **recurso controlado** pela empresa como resultado de **eventos passados** capaz de gerar **benefícios econômicos futuros** para a empresa.

O CASO DO BANCO OTIMISTA S/A

O Banco Otimista S/A reportou na Demonstração de Resultado do último trimestre um Lucro de R$ 7.000.000,00 (sete milhões de reais), superando a estimativa prevista pelos analistas de investimentos que acompanham as demonstrações financeiras publicadas pelo Banco.

Contudo, um analista mais experiente, que trabalha para um importante fundo de investimentos que tem ações do Banco Otimista S/A, ao ler as notas explicativas da empresa percebeu que as políticas contábeis do Banco não eram muito esclarecedoras sobre o cálculo da provisão para crédito de liquidação duvidosa (isto é, estimativa de perda com os clientes inadimplentes). Por isso, o referido analista enviou o seguinte questionamento para o RI (Relação com Investidores) do Banco Otimista S/A:

> *Está sendo veiculado na mídia que a Cia. WZY Exploração e Produção de Petróleo não obteve sucesso em seu maior campo de petróleo e, por isso, tem encontrado dificuldades para liquidar suas dívidas com todos os bancos que financiaram suas operações. Dado que o Banco Otimista S/A emprestou R$ 5.000.000,00 (cinco milhões de reais) para a Cia. WZY, esse ativo registrado como "contas a receber" do banco não deveria ser baixado e reconhecido como uma perda por inadimplência na Demonstração de Resultado do último trimestre, o que reduziria o Lucro do Banco de sete para dois milhões de reais?*

O diretor de RI (Relação com Investidores) do Banco Otimista S/A ficou preocupado com o questionamento do analista de investimentos e encaminhou essa questão para a Controladoria do banco se posicionar, pois realmente esse empréstimo não foi pago dentro do vencimento pela Cia. WZY e o Banco não reconheceu perda por inadimplência de cinco milhões.

Questões para discussão:

1) Que resposta a controladoria do Banco Otimista S/A pode apresentar, levando em consideração a definição de Ativo como simplesmente Bens + Direitos?

2) Essa resposta seria a mesma se a controladoria utilizar o princípio da essência sobre a forma do IFRS (com foco no resultado econômico)? Comente as possíveis diferenças.

1.4 O CPC no Brasil

Criado pela Resolução do Conselho Federal de Contabilidade – CFC n. 1.055/2005, o Comitê de Pronunciamentos Contábeis – CPC tem como objetivo:

> o estudo, o preparo e a emissão de Pronunciamentos Técnicos sobre procedimentos de Contabilidade e a divulgação de informações dessa natureza, para permitir a emissão de normas pela entidade reguladora brasileira, visando à centralização e uniformização do seu processo de produção, levando sempre em conta a convergência da Contabilidade Brasileira aos padrões internacionais.

Por mais que o CPC tenha sido criado no ano de 2005, sua efetivação no Brasil ocorreu com a fundamentação legal estabelecida na Lei n. 11.638/2007:

> *A Comissão de Valores Mobiliários, o Banco Central do Brasil e demais órgãos e agências reguladoras poderão celebrar convênio com entidade que tenha por objeto o estudo e a divulgação de princípios, normas e padrões de contabilidade e de auditoria, podendo, no exercício de suas atribuições regulamentares, adotar, no todo ou em parte, os pronunciamentos e demais orientações técnicas emitidas.*
>
> (Art. 5º da Lei n. 11.638/2007)

> *A entidade referida no caput deste artigo deverá ser majoritariamente composta por contadores, dela fazendo parte representantes de entidades representativas de sociedades submetidas ao regime de elaboração de demonstrações financeiras previstas nesta Lei, de sociedades que auditam e analisam as demonstrações financeiras, do órgão federal de fiscalização do exercício da profissão contábil e de universidade ou instituto de pesquisa com reconhecida atuação na área contábil e de mercado de capitais.*
>
> (Parágrafo único – Art. 5º da Lei n. 11.638/2007)

O CPC é formado pelos seguintes órgãos:

- ABRASCA: Associação Brasileira das Companhias Abertas
- APIMEC: Associação dos Analistas e Profissionais de Investimento do Mercado de Capitais
- BM&FBOVESPA: Bolsa de Valores, Mercadorias e Futuros
- CFC: Conselho Federal de Contabilidade
- FIPECAFI: Fundação Instituto de Pesquisas Contábeis, Atuariais e Financeiras
- IBRACON: Instituto dos Auditores Independentes do Brasil

O CPC é totalmente autônomo das entidades representadas, deliberando por 2/3 de seus membros. É composto por 12 membros, dois por entidade. Além dos 12 membros, são sempre convidados a participar representantes dos seguintes órgãos: Banco Central do Brasil; Comissão de Valores Mobiliários; Secretaria da Receita Federal; Superintendência de Seguros Privados.

Os tipos de normas emitidos pelo CPC são:

- Pronunciamentos Técnicos = CPC
- Interpretações = ICPC
- Orientações = OCPC

Os Pronunciamentos Técnicos (CPC) serão obrigatoriamente submetidos a audiências públicas. As Interpretações (ICPC) e Orientações (OCPC) poderão, também, sofrer esse processo. Os órgãos e agências reguladoras do Brasil que já aprovaram normas emitidas pelo CPC são:

- Comissão de Valores Mobiliários – CVM
- Conselho Federal de Contabilidade – CFC
- Banco Central do Brasil – BACEN/CMN
- Superintendência de Seguros Privados – SUSEP
- Agência Nacional de Saúde Suplementar – ANS
- Agência Nacional de Energia Elétrica – ANEEL
- Agência Nacional de Transportes Terrestres – ANTT

Em suma, as diretrizes do CPC são: i) inserir o Brasil na convergência internacional das normas contábeis; ii) centralizar o processo de emissão das normas contábeis; e iii) representar de modo democrático a elaboração dessas normas contábeis.

Os desdobramentos práticos da adoção do CPC, que está alinhado ao padrão IFRS, continuarão sendo abordados nos próximos capítulos deste livro.

DICAS IMPORTANTES!

Você pode baixar todas essas normas contábeis (CPC, ICPC, OCPC) gratuitamente.
Basta acessar o site: http://www.cpc.org.br
Na parte superior do site você deve entrar nas seguintes partes:
Documentos Emitidos / Pronunciamentos / Interpretações / Orientações

* As demonstrações contábeis publicadas pelas companhias abertas brasileiras desde 2010 já estão de acordo com o CPC e alinhadas ao IFRS. É importante você buscar esses relatórios financeiros das empresas de seu interesse, ou mesmo por simples curiosidade. Você pode encontrar essas informações em sites como o da BM&FBOVESPA – Bolsa de Valores, Mercadorias e Futuros (http://www.bmfbovespa.com.br) ou da CVM – Comissão de Valores Mobiliários (http://www.cvm.gov.br). No entanto, consideramos mais fácil e atrativo buscar o site de RI – Relação com Investidores das empresas de seu interesse, pois além das demonstrações contábeis trimestrais e anuais você poderá baixar diversas outras informações interessantes sobre as empresas.

CASO 1 • O Espólio de Sophia

Durante muitos anos dona Sophia, casada com o senhor Ramos, administrava suas atividades domésticas sem problemas. Cuidava de seus afazeres domésticos sem nunca se preocupar com os aspectos financeiros que, ao longo de mais de 50 anos, sempre foram de responsabilidade de seu marido, Sr. Ramos.

Agora, cinco meses após a morte de seu esposo, estava às voltas com uma série de problemas que não sabia como resolver. Seus 4 filhos desejavam saber qual o patrimônio da família de modo a poderem realizar a partilha dos bens deixados pelo falecido. Como nenhum dos herdeiros nunca antes havia lidado com esse tipo de coisa, solicitaram a ajuda do Sr. Wilson, um vizinho que era profissional da área de Contabilidade. Após examinar toda a papelada fornecida por dona Sophia, o Sr. Wilson preparou a seguinte demonstração:

Situação Patrimonial em 30/03/2014:

Saldo na conta corrente no Banco X	R$ 4.500,00
Saldo na caderneta de poupança no Banco X	R$ 8.500,00
Um terreno na cidade de Friburgo	R$ 25.000,00
Uma casa na Abolição, no Rio de Janeiro	R$ 82.000,00
10.000 ações da falida Cia. Fugidinha	R$ 2.500,00
Um título a pagar ao Banco X	R$ 5.500,00
Saldo devedor da compra da casa da Abolição	R$ 18.000,00
Patrimônio disponível para partilha entre os herdeiros	**R$ 99.000,00**

Um exame mais detalhado dos documentos mostrou que:

- O saldo demonstrado em conta-corrente no Banco X, na realidade era uma conta que rendia juros e durante o mês de março rendeu R$ 80,00, que ainda não haviam sido lançados na conta;
- A conta de poupança tinha o aniversário no dia 1° de cada mês, sendo que no dia 1° de abril seria incluído R$ 132,00 de rendimentos;
- O valor de mercado do terreno de Friburgo, segundo informações obtidas junto à Bolsa de Imóveis da cidade, era de R$ 47.000,00 e o valor informado pelo Sr. Wilson era o constante no IPTU;
- Foi encontrado um documento assinado por um corretor de imóveis, contendo uma avaliação da casa da Abolição, a pedido do Sr. Ramos, com a informação de que um provável comprador estaria disposto a pagar R$ 185.000,00 pela casa. O valor informado pelo Sr. Wilson se baseava no valor apresentado na relação de bens da declaração do imposto de renda do ano anterior;
- A dívida com o Banco X seria acrescida de mais R$ 400,00 de juros no dia 1º de abril;
- A empresa Fugidinha já não existia mais, tendo sido fechada há mais de 5 anos, conforme informações prestadas, através de uma correspondência, remetida por um advogado que havia sido contratado para tentar reaver algum valor para o Sr. Ramos.

Questões

1. O patrimônio apurado pelo Sr. Wilson está de acordo com o objetivo fundamental da Contabilidade? Fundamente sua resposta.
2. Como você calcularia e demonstraria o patrimônio da família de dona Sophia no dia 30 de março de 2014?

CASO 2 • Empresa Tecnologia S/A

A última reunião de trabalho realizada entre o Diretor-Presidente, o *Controller* e o Contador da empresa **Tecnologia S/A** teve como principal objetivo analisar os efeitos contábeis dos novos investimentos estratégicos da companhia.

Cabe ressaltar que essa empresa é especializada no setor de energia e sua estratégia atual envolve a realização de investimentos em Pesquisa & Desenvolvimento de soluções inovadoras para o setor de energia elétrica.

Os principais pontos de dúvidas e divergências durante essa reunião de trabalho foram:

- ❑ Conforme o **Diretor-Presidente**, gastos realizados em Pesquisa & Desenvolvimento de futuras tecnologias deveriam ser registrados no ativo e não podem ser registrados como despesa, pois são investimentos feitos pela empresa.

- ❑ Para o ***Controller***, gastos realizados em Pesquisa & Desenvolvimento de futuras tecnologias deveriam ser registrados como despesa, exceto no caso dos gastos de desenvolvimento quando for possível demonstrar a viabilidade técnica e comercial da nova tecnologia.

- ❑ Já para o **Contador**, gastos realizados em Pesquisa & Desenvolvimento de futuras tecnologias deveriam sempre ser registrados como despesa, pois dado o estágio inicial e de incertezas, não é possível ter garantias sobre os benefícios econômicos futuros desses gastos.

Qual seria sua posição nesta reunião?
Fundamente seu posicionamento.

Observação: Fundamente seu posicionamento com base no conteúdo deste capítulo ou até mesmo levando em consideração suas experiências e bom-senso, mas não busque as respostas em leis ou normas que regulamentam essa matéria do ponto da legislação societária ou tributária.

Capítulo 2

A ESTRUTURA DA CONTABILIDADE

OBJETIVOS DO CAPÍTULO

- Apresentar a estrutura da contabilidade sob dois enfoques: tradicional e conceitual.
- Explicar o tradicional método das partidas dobradas.
- Discutir pontos estratégicos da estrutura conceitual do IASB/CPC (*Framework*).

2.1 Introdução

"A contabilidade é um produto do Renascimento Italiano. As forças que conduziram a essa renovação do espírito humano na Europa foram as mesmas que criaram a contabilidade."

(Hendriksen e Van Breda, 1999, p. 39)

Embora alguns historiadores acreditem que a Contabilidade tenha surgido há mais de 4.000 anos, no Egito, podemos considerar que o grande marco de sua evolução se deu por volta dos séculos XIII e XIV, onde foram encontrados os primeiros registros de sistemas de escrituração, na cidade de Gênova, Itália. A autoria do método de escrituração de partidas dobradas é atribuída ao frei franciscano Luca Paciolo, através de seu livro *Summa de arithmetica, geometrica, proportioni et proportionalitá*. Este é o método ainda hoje utilizado pelos contadores para registrar os acréscimos e decréscimos ocorridos no patrimônio.

No entanto, com a expansão da atividade empresarial ao longo dos séculos, fica evidente que as organizações, assim como a própria contabilidade, passaram por muitos desafios e mudanças. O aumento do número de sócios, a busca por crédito, a criação de sociedades por ações, o surgimento dos auditores e provavelmente o *crash* da Bolsa de Nova Iorque em 1929 levaram ao consenso de que a contabilidade deveria passar por algum tipo de regulação ou normatização.

Dentro desse contexto, órgãos responsáveis por emissão de normas contábeis, tais como o IASB (padrão IFRS), o FASB (padrão US-GAAP) e o CPC no Brasil, buscam desenvolver uma estrutura conceitual (*Framework*) que sirva de norte para o processo de elaboração e apresentação das demonstrações financeiras (*Financial Reporting*).

Sendo assim, este capítulo aborda a estrutura da contabilidade sob esses dois diferentes enfoques. Primeiramente tenta explicar o tradicional **método das partidas dobradas**. Em seguida, trata da estrutura conceitual (*Framework*) do IASB (padrão IFRS), que tem sido inserido no Brasil por meio do CPC.

2.2 O tradicional método das partidas dobradas

Este método de escrituração é empregado no registro dos eventos que afetam o patrimônio empresarial, por reconhecer a existência de dois lados em cada transação. É um método que relaciona ***origem*** com ***aplicação***, oferecendo sempre respostas para questões relacionadas às mudanças observadas no patrimônio em um determinado período. Em linguagem contábil, diz-se que cada ***débito*** deve corresponder a um ***crédito*** de igual valor.

Vejamos um exemplo:

Suponha que uma determinada pessoa resolva constituir uma empresa com um capital inicial de R$ 200.000,00, em dinheiro.

Como aplicaríamos o método das partidas dobradas nesse caso?

D - CAIXA	R$ 200.000,00
C - CAPITAL	R$ 200.000,00

O registro contábil informa que nesta data foi constituída uma empresa X com um CAPITAL de R$ 200.000,00 (origem dos recursos), cujo dinheiro foi inicialmente alocado no CAIXA R$ 200.000,00 (aplicação dos recursos).

Através dos lançamentos contábeis com a aplicação do método das partidas dobradas temos uma descrição detalhada de todas as transações realizadas por uma empresa, durante os diversos períodos (dias, meses, anos).

Para manter os registros contábeis sempre refletindo os dois lados de cada transação os contadores utilizam ***contas*** específicas onde são lançados os ***acréscimos*** ou ***decréscimos*** ocorridos e, posteriormente, apurados os ***saldos*** de cada conta em qualquer momento. A apresentação dos saldos das contas pode ser feita em relatórios específicos, como no Balanço Patrimonial[1], que é considerado um dos mais importantes relatórios produzidos pela contabilidade, por

[1] O Balanço Patrimonial e as demais demonstrações contábeis serão detalhadamente abordados na Parte II deste livro: A Informação Contábil-Financeira (*Financial Reporting*).

apresentar um retrato da situação patrimonial da empresa em uma determinada data.

Para efetuar os lançamentos ou registros contábeis de cada transação, torna-se necessário apresentar um histórico da operação e observar a ordem cronológica em que foram ocorrendo os registros. Os documentos utilizados pelos contadores para efetuarem os registros das operações são: DIÁRIO e RAZÃO.

No DIÁRIO temos as chamadas partidas de diário que consistem de elaboração de informação detalhada da transação, seguindo o método das partidas dobradas. Os requisitos necessários são: data, conta a ser debitada e conta a ser creditada, histórico da transação (número de notas fiscais, recibos etc.) e o valor da operação na moeda do país.

No RAZÃO ocorre a transcrição dos lançamentos efetuados no DIÁRIO, sem o histórico e contendo as seguintes colunas: data, operações, débito, crédito e saldo. O Razão diferencia-se do Diário pelo fato de o Diário transcrever os lançamentos em ordem cronológica, já o Razão transcreve analiticamente todas as transações por conta contábil, apresentando a evolução dos saldos como um extrato.

Exemplo simples

Compra de um equipamento à vista por R$ 12.000,00, sabendo-se que existia um saldo de caixa anterior, no valor de R$ 20.000,00.

Lançamento no Diário

Rio de Janeiro, 26 de março de 2014.

D – Equipamentos

C – Caixa

Valor: R$ 12.000,00

Histórico: Compra à vista de equipamentos da empresa JJM S/A, conforme nota fiscal n. 27.456.

Lançamento no Razão

CAIXA					
Data	**Operações**	**Débito**	**Crédito**	**Saldo**	**D/C**
25/03/2014	Saldo Anterior			20.000,00	D
26/03/2014	Compra de Equipamentos		**12.000,00**	8.000,00	D

EQUIPAMENTOS					
Data	**Operações**	**Débito**	**Crédito**	**Saldo**	**D/C**
25/03/2014	Saldo Anterior			0,00	–
26/03/2014	Compra de Equipamentos	**12.000,00**		12.000,00	D

Razão em formato de T (este é o formato mais utilizado)

CAIXA	
D	**C**
20.000,00	12.000,00
8.000,00	

EQUIPAMENTOS	
D	**C**
12.000,00	
12.000,00	

Vejamos outro exemplo, mais completo:

As transações realizadas pela empresa FCG Consultoria, durante o mês de agosto de 2013, foram:

Em 08/08:

- Início das atividades com R$ 200.000,00, colocando o dinheiro em caixa.

Em 09/08:

- Depósito no valor de R$ 50.000,00, no Banco Alfa.
- Depósito em Caderneta de Poupança no Banco Alfa, no valor de R$ 100.000,00.
- Compra de uma sala junto à Construtora ABC no bairro de Botafogo, por R$ 830.000,00, com pagamento à vista de R$ 30.000,00, em dinheiro, e o restante financiado pela construtora.

Em 10/08:

- Compra de três computadores, para pagamento em 60 dias, por R$ 6.000,00.
- Compra de uma impressora, para pagamento em 30 dias, por R$ 2.000,00.

Em 11/08:

- Compra de diversos móveis à vista, no valor de R$ 10.000,00, pago em dinheiro.
- Compra de material de escritório à vista, por R$ 2.000,00, pago através do cheque n. 575 do Banco Alfa.

Pede-se:

- ❖ Como seriam os registros contábeis destas transações, com base no método das partidas dobradas?
- ❖ Como poderia ser demonstrado um simples Balanço da empresa ao final do dia 11/08/2013?

Proposta de Solução

Em primeiro lugar teríamos que elaborar um PLANO DE CONTAS para poder registrar as transações. Assim teríamos, para o nosso exemplo, as seguintes contas[2]:

- CAIXA
- BANCOS
- CADERNETA DE POUPANÇA
- IMÓVEIS
- MÓVEIS
- EQUIPAMENTOS DE INFORMÁTICA
- MATERIAL DE ESCRITÓRIO
- CONTAS A PAGAR
- TÍTULOS A PAGAR
- CAPITAL

Cada conta recebe os registros contábeis, de forma exclusiva, para representar uma determinada operação. Assim, quando estivermos falando de operações realizadas em dinheiro, usaremos uma conta específica, chamada "Caixa". Nas operações movimentadas através de cheques e depósitos bancários, utilizaremos a conta "Bancos", e assim, sucessivamente, com as outras operações.

Desta forma, em qualquer momento teremos condições de saber qual o saldo de uma determinada conta, que é uma informação bastante valiosa para os propósitos de tomada de decisão.

Vejamos o exemplo de contabilização da firma FCG Consultoria.

[2] O plano de contas é uma relação das contas codificadas, elaborado pelos Contadores, levando em conta as operações previstas de serem realizadas por uma organização.

A • Lançamentos no Diário

Rio de Janeiro, 08 de agosto de 2013:
D – Caixa
C – Capital
Valor: R$ 200.000,00
Histórico: pela constituição da empresa FCG Consultoria, conforme registro na Junta Comercial n. 12.375.

Rio de Janeiro, 09 de agosto de 2013:
D – Bancos
C – Caixa
Valor: R$ 50.000,00
Histórico: Depósito n. 23.455 no Banco Alfa

D – Caderneta de Poupança
C – Caixa
Valor: R$ 100.000,00
Histórico: depósito n. 45.559 em conta de poupança no Banco Alfa

D – Imóveis	R$ 830.000,00
C – Caixa	R$ 30.000,00
C – Títulos a Pagar	R$ 800.000,00

Histórico: compra de uma sala comercial junto à Construtora ABC, com recibo n. 3.534 para o sinal à vista e Promissórias ns. 3.345 a 3.354 pelo financiamento junto à Construtora

Rio de Janeiro, 10 de agosto de 2013:
D – Equipamentos de Informática
C – Contas a Pagar
Valor: R$ 8.000,00
Histórico: compra de três computadores e uma impressora na Informática Ltda. – NF n. 3.756

Rio de Janeiro, 11 de agosto de 2013:
D – Móveis
C – Caixa
Valor: R$ 10.000,00
Histórico: compra de móveis na Mobiliária do Povo – NF n. 67.896

D – Material de Escritório
C – Bancos
Valor: R$ 2.000,00
Histórico: compra de material de escritório à firma LSW, NF n. 345, pago c/cheque n. 575 do Banco Alfa.

Observações:

- Note que as transações são registradas (lançadas) em ordem cronológica, contendo os dados relativos às contas patrimoniais movimentadas e o histórico de cada operação.
- Esses lançamentos no diário são apenas didáticos, pois esses procedimentos são normalmente realizados por meio de sistemas contábeis informatizados, que muitas vezes estão integrados com outros sistemas da empresa.

B • Transcrição para o Razão

	CAIXA		
	D	C	
a	200.000	50.000	b
		100.000	c
		30.000	d
		10.000	f
	200.000	190.000	
	10.000		

	BANCOS		
	D	C	
b	50.000	2.000	g
	48.000		

	CADERNETA DE POUPANÇA	
	D	C
c	100.000	
	100.000	

	IMÓVEIS	
	D	C
d	830.000	
	830.000	

	MÓVEIS	
	D	C
f	10.000	
	10.000	

	EQUIP. DE INFORMÁTICA	
	D	C
e	8.000	
	8.000	

	MATERIAL DE ESCRITÓRIO	
	D	C
g	2.000	
	2.000	

CONTAS A PAGAR		
D	C	
	8.000	e
	8.000	

TÍTULOS A PAGAR		
D	C	
	800.000	d
	800.000	

CAPITAL		
D	C	
	200.000	a
	200.000	

Ao invés de utilizarmos as folhas do Razão, como mostrado no primeiro exemplo, apresentaremos os registros nos razonetes em formato de "T", para que o leitor possa visualizar melhor a movimentação das contas. As letras, ao lado de cada registro, substituem as datas, para chamar a atenção para a correspondência entre as contas. Este é o formato mais utilizado pelos profissionais de Contabilidade, em trabalhos de conferência e análise de contas.

C • Balanço Patrimonial[3]

FCG CONSULTORIA

Balanço Patrimonial em 11/08/2013

ATIVO		PASSIVO	
Caixa	10.000	Contas a Pagar	8.000
Bancos	48.000	Títulos a Pagar	800.000
Caderneta de Poupança	100.000		
Imóveis	830.000		
Móveis	10.000	**PATRIMÔNIO LÍQUIDO**	
Equipamentos de Informática	8.000	Capital	200.000
Material de Escritório	2.000		
TOTAL DO ATIVO	**1.008.000**	**TOTAL DO PASSIVO + PL**	**1.008.000**

Neste exemplo da FCG Consultoria podemos verificar que, devido à característica de cada conta, o saldo aparecerá sempre do lado que representa os acréscimos na conta utilizada e que o mesmo critério é válido para todas as contas, quer sejam elas representativas do ATIVO, do PASSIVO ou do PATRIMÔNIO LÍQUIDO.

O que estamos procurando explicar é que não é possível, por exemplo, apresentarmos uma conta Caixa com saldo credor ou uma conta de fornecedores com saldo devedor. Assim, temos um conjunto de contas que deverá ter sempre saldo devedor (no lado do DÉBITO) e um outro conjunto que deverá ter sempre saldo credor (no lado do CRÉDITO).

Derivado do método das partidas dobradas que implica em se reconhecer sempre os dois lados de uma transação – a conta debitada e a conta creditada –,

[3] O Balanço Patrimonial aqui apresentado é apenas uma introdução bem inicial do assunto, pois sua estrutura e particularidades serão apresentadas na Parte II do livro.

deduz-se que, em qualquer momento, o TOTAL DOS DÉBITOS deverá ser igual ao TOTAL DOS CRÉDITOS, logo:

ATIVO = PASSIVO + PATRIMÔNIO LÍQUIDO[4]

ou

ATIVO – PASSIVO = PATRIMÔNIO LÍQUIDO[5]

Até agora vimos exemplos de transações que alteram o patrimônio da entidade em sua forma inicial de preparação para explorar um determinado negócio. Mas a expectativa de qualquer investidor é que seu negócio prospere possibilitando lucros contínuos. Para alcançar este lucro a empresa precisa realizar transações através da venda de produtos, prestação de serviços a terceiros, recebimento de juros sobre aplicações ou outros ganhos que podem ser definidos como RECEITAS.

No entanto, nestas operações, para obter receitas, as empresas naturalmente irão realizar alguns gastos que podem ser considerados como um esforço para alcançar os lucros desejados. Assim, além dos recursos materiais e financeiros, também utilizará recursos humanos para produzirem os resultados almejados, através do consumo de bens, serviços ou pagamento de juros pela utilização de capital de terceiros e que são definidos como DESPESAS.

As receitas podem ser obtidas através do recebimento de dinheiro ou de direitos a receber, no caso de uma venda a prazo para ser recebida no futuro. O mesmo acontece com as despesas que poderão ser incorridas com pagamento em dinheiro ou tendo o pagamento postergado para uma data futura.

---

[4] Uma representação alternativa da equação básica do patrimônio é expressa como ATIVO = PASSIVO, considerando-se o PASSIVO de uma forma mais abrangente, incluindo as obrigações da entidade para com terceiros (EXIGIBILIDADES) e obrigações da entidade para com os cotistas ou acionistas, representado pelo PATRIMÔNIO LÍQUIDO. Esta forma não é a mais correta porque o Patrimônio Líquido representa os direitos residuais dos acionistas ou cotistas, não podendo ser considerado como obrigações ou exigibilidades da empresa.

[5] Caso o resultado seja negativo, denomina-se PASSIVO A DESCOBERTO.

O entendimento correto sobre estes dois novos conceitos é importantíssimo porque é através do confronto entre receitas e despesas, durante um determinado período, que poderemos chegar ao conceito de RESULTADO, quando verificamos se nossas operações foram lucrativas ou não.

Caso o total de receitas suplante o total de despesas, teremos LUCRO. No caso inverso, se o total de despesas for superior ao total de receitas, teremos PREJUÍZO. Se tivermos lucro o Patrimônio Líquido aumenta. Se incorrermos em prejuízo, o Patrimônio Líquido diminui.

Diferentemente das contas patrimoniais cujos saldos vão estar sempre refletidos no Balanço por diversos períodos, ao longo da vida de uma empresa, até que, por qualquer motivo, sejam baixadas ou retiradas, as chamadas CONTAS DE RESULTADO, receitas e despesas, estão sempre relacionadas a um determinado período, que pode ser, por exemplo, um mês, um trimestre ou um ano.

O resultado apurado, lucro ou prejuízo, deverá ser demonstrado, em relatório próprio, intitulado: DEMONSTRAÇÃO DO RESULTADO[6], que, juntamente com o BALANÇO PATRIMONIAL, são considerados os relatórios mais importantes produzidos pela Contabilidade e de grande interesse por parte dos mais diversos usuários.

As contas de receita e de despesa, utilizadas para o registro das operações das contas de resultado, deverão ter seus saldos apurados e transferidos para o Patrimônio Líquido. Desta forma, no final do ano, após os lançamentos de encerramento, todas as contas de resultado deverão apresentar saldo ZERO, de modo que, ao iniciar-se um novo ano, tenhamos outras contas de receita e despesa, relativas a este novo período.

Aplicando-se o método das partidas dobradas, seguimos a lógica de contabilização usada para o registro das contas patrimoniais. Desta forma, as contas de despesas deverão ser acrescidas por débitos e as contas de receita acrescidas por créditos, ou seja, as contas de despesa deverão sempre apresentar saldo devedor e as contas de receita, saldo credor.

---

[6] A Demonstração do Resultado, bem como as demais demonstrações contábeis, serão detalhadamente abordadas na Parte II deste livro: A Informação Contábil-Financeira (*Financial Reporting*).

Sendo assim, podemos resumir de modo esquemático o tradicional método das partidas dobradas da seguinte forma (ver Quadros 2.1 e 2.2):

QUADRO 2.1
A lógica das partidas dobradas

PARA QUALQUER OPERAÇÃO HÁ SEMPRE:	LOGO...
Um débito e um crédito de igual valor ou Um débito e vários créditos de igual valor ou Vários débitos e um crédito de igual valor	"Não há débitos sem créditos correspondentes"

QUADRO 2.2
Esquema do tradicional método das partidas dobradas

ATIVO	PASSIVO e PATRIMÔNIO LÍQUIDO
Acréscimos = Débito **Decréscimos = Crédito** ***Saldo Devedor***	**Acréscimos = Crédito** **Decréscimos = Débito** ***Saldo Credor***
DESPESA	**RECEITA**
Débito ***Saldo Devedor***	**Crédito** ***Saldo Credor***

2.3 A estrutura conceitual do IASB/CPC (*Framework*)

O conteúdo da estrutura conceitual que vamos tratar agora está disponível no Pronunciamento Conceitual Básico do CPC[7], cuja primeira versão foi uma tradução do documento original *Framework for the Preparation and Presentation of Financial Statements* do *International Accounting Standards Board* (IASB).

A Estrutura Conceitual (*Framework*) do IASB foi efetivamente adotada no Brasil a partir de 2008. Em função disso, deixou-se de utilizar a Estrutura Conceitual que era empregada no Brasil até o ano de 2007:

- Resoluções CFC n. 750/93 e 774/94 que dispõem sobre os "Princípios Fundamentais da Contabilidade".

- Deliberação CVM n. 29/86 que aprovou o pronunciamento do IBRACON sobre a "Estrutura Conceitual Básica da Contabilidade".

Tal modificação também foi reforçada com a promulgação da Lei n. 11.638/2007, que alterou a Lei das Sociedades por Ações em linha com as normas contábeis internacionais, além de estabelecer para a CVM o poder de emitir normas para as companhias abertas em consonância com essas normas internacionais. Entretanto, é fundamental que isso seja seguido por todos os demais tipos de sociedades para termos uma contabilidade uniforme no Brasil.

Cabe ressaltar que esse *Framework* é mais abrangente do que as estruturas compostas pelos documentos denominados "Princípios Fundamentais de Contabilidade" e "Estrutura Conceitual Básica da Contabilidade". Durante a vigência desses documentos até 2007, o arcabouço conceitual brasileiro apresentava algumas diferenças significativas para o internacional. Como, por exemplo, as características qualitativas da informação contábil não eram tratadas de maneira aprofundada no Brasil, diferentemente do pronunciamento internacional.

[7] Para baixar esse documento basta acessar o site http://www.cpc.org.br, na parte de "Pronunciamentos", e entrar na primeira norma disponível na lista de pronunciamentos.

Assim, a partir de 2008, a estrutura conceitual brasileira passou a ser similar à internacional, pois consiste praticamente em sua tradução para o português. Como resultado, não há diferenças em relação ao seu texto, o que pode levar à inadequada conclusão de que sua aplicação, no Brasil, assim como de outros pronunciamentos internacionais, está garantida.

Apesar de, na forma, as estruturas serem iguais atualmente, o ambiente institucional brasileiro é muito diferente se comparado a países que aplicam normas que já são similares às internacionais. Nosso grande desafio, então, está em evoluir da igualdade na forma e conseguir que também seja aplicada em sua essência na prática.

Em dezembro/2011 foi publicada uma nova versão revisada do Pronunciamento Conceitual Básico do CPC, cujo título foi denominado **"Estrutura Conceitual para Elaboração e Divulgação de Relatório Contábil-Financeiro"**. Esta Estrutura Conceitual é praticamente uma tradução da Norma Internacional de Contabilidade – *The Conceptual Framework for Financial Reporting* (IASB – BV 2011 *Blue Book*).

Conforme informado no prefácio desta versão revisada da Estrutura Conceitual:

> *O International Accounting Standards Board – IASB está em pleno processo de atualização de sua Estrutura Conceitual. O projeto dessa Estrutura Conceitual está sendo conduzido em fases.*
>
> *À medida que um capítulo é finalizado, itens da Estrutura Conceitual para Elaboração e Apresentação das Demonstrações Contábeis vão sendo substituídos. Quando o projeto da Estrutura Conceitual for finalizado, o IASB terá um único documento, completo e abrangente, denominado Estrutura Conceitual para Elaboração e Divulgação de Relatório Contábil-Financeiro (The Conceptual Framework for Financial Reporting).*
>
> *Esta versão da Estrutura Conceitual inclui dois capítulos que o IASB aprovou como resultado da primeira fase do projeto da Estrutura, o Capítulo 1 Objetivo da elaboração e divulgação de relatório contábil-financeiro de propósito geral e o*

Capítulo 3 Características qualitativas da informação contábil-financeira útil. O Capítulo 2 tratará do conceito relativo à entidade que divulga a informação. O Capítulo 4 contém o texto remanescente da antiga Estrutura Conceitual. A tabela de equivalência, ao término desta publicação, evidencia a correspondência entre os conteúdos do documento Estrutura Conceitual para a Elaboração e Apresentação das Demonstrações Contábeis e a atual Estrutura Conceitual para Elaboração e Divulgação de Relatório Contábil-Financeiro.

Esta Estrutura Conceitual estabelece os conceitos que fundamentam a preparação e a apresentação de demonstrações contábeis destinadas a usuários externos: investidores, financiadores e outros credores, sem hierarquia de prioridade.

De modo mais preciso, a finalidade da Estrutura Conceitual é:

a) dar suporte ao desenvolvimento de novos Pronunciamentos Técnicos, Interpretações e Orientações e à revisão dos já existentes, quando necessário;

b) dar suporte à promoção da harmonização das regulações, das normas contábeis e dos procedimentos relacionados à apresentação das demonstrações contábeis, provendo uma base para a redução do número de tratamentos contábeis alternativos permitidos pelos Pronunciamentos, Interpretações e Orientações;

c) dar suporte aos órgãos reguladores nacionais;

d) auxiliar os responsáveis pela elaboração das demonstrações contábeis na aplicação dos Pronunciamentos Técnicos, Interpretações e Orientações e no tratamento de assuntos que ainda não tenham sido objeto desses documentos;

e) auxiliar os auditores independentes a formar sua opinião sobre a conformidade das demonstrações contábeis com os Pronunciamentos Técnicos, Interpretações e Orientações;

f) auxiliar os usuários das demonstrações contábeis na interpretação de informações nelas contidas, elaboradas em conformidade com os Pronunciamentos Técnicos, Interpretações e Orientações; e

g) proporcionar aos interessados informações sobre o enfoque adotado na formulação dos Pronunciamentos Técnicos, das Interpretações e das Orientações.

É importante destacar que a Estrutura Conceitual do CPC não define normas ou procedimentos para qualquer questão particular sobre aspectos de mensuração ou divulgação. Além disso, não deverá haver conflito entre o que foi estabelecido na Estrutura Conceitual e qualquer outro Pronunciamento Técnico.

Os pontos tratados nesta Estrutura Conceitual são os seguintes:

- ✓ O objetivo da elaboração e divulgação de relatório contábil-financeiro;
- ✓ As características qualitativas da informação contábil-financeira;
- ✓ A definição, o reconhecimento e a mensuração dos elementos a partir dos quais as demonstrações contábeis são elaboradas; e
- ✓ Os conceitos de capital e de manutenção do capital.

Objetivo do relatório contábil-financeiro

O objetivo do relatório contábil-financeiro é **fornecer informações contábil-financeiras** acerca da entidade que reporta essa informação e que sejam úteis a investidores existentes e, em potencial, a credores por empréstimos e a outros credores, quando da tomada de decisão ligada ao fornecimento de recursos para a entidade. Essas decisões envolvem comprar, vender ou manter participações em instrumentos patrimoniais[8] e em instrumentos de dívida[9], e a oferecer ou disponibilizar empréstimos ou outras formas de crédito.

Por outro lado, deve-se esclarecer que o conjunto de relatórios contábil-financeiros publicados por uma empresa não podem atender a todas as informações de que investidores, credores por empréstimo e outros credores, existentes e em potencial, necessitam. Além disso, tais relatórios não são elaborados para determinar o valor de uma empresa, mas para fornecer informações que serão úteis, inclusive para esse tipo de avaliação.

Vale lembrar que os relatórios contábil-financeiros são baseados em estimativas, julgamentos e modelos. Por isso, não podem ser entendidos como descrições ou retratos exatos da realidade econômica de uma empresa. Sendo assim, a Estrutura Conceitual é fundamental para estabelecer os conceitos que devem amparar tais estimativas, julgamentos e modelos.

Características qualitativas da informação contábil-financeira

Se a informação contábil-financeira é para ser útil, ela precisa ser **relevante** e **representar com fidedignidade** o que se propõe a representar. A utilidade da informação contábil-financeira é melhorada se ela for **comparável**, **verificável**, **tempestiva** e **compreensível**.

As características qualitativas fundamentais **são**: ***relevância*** e ***representação fidedigna***.

[8] Ações de sociedades anônimas ou quotas de sociedades Ltda., por exemplo.

[9] Debêntures, por exemplo.

QUADRO 2.3
Síntese das características qualitativas fundamentais

<table>
<tr><td rowspan="2">CARACTERÍSTICAS QUALITATIVAS FUNDAMENTAIS</td><td>RELEVÂNCIA</td><td>Informação contábil-financeira relevante é aquela capaz de fazer diferença nas decisões que possam ser tomadas pelos usuários. Para isso, a informação contábil-financeira deve ter valor preditivo, valor confirmatório ou ambos.
Valor Preditivo se puder ser utilizado como dado de entrada em processos para prever valores futuros.
Valor Confirmatório se servir de feedback de avaliações prévias (confirmá-las ou alterá-las).</td></tr>
<tr><td>REPRESENTAÇÃO FIDEDIGNA</td><td>Para ser útil, a informação contábil-financeira tem que representar com fidedignidade. Para ser uma representação perfeitamente fidedigna, é preciso que a realidade retratada tenha três atributos. Ela tem que ser Completa, Neutra e Livre de Erro. Contudo, a perfeição não é de fato alcançável. Então, o objetivo é sempre tentar maximizar esses três importantes atributos, na medida do possível.</td></tr>
</table>

De acordo com a Estrutura Conceitual, a informação precisa concomitantemente ser relevante e representar com fidedignidade a realidade reportada para ser útil. Nem a representação fidedigna de fenômeno irrelevante, tampouco a representação não fidedigna de fenômeno relevante auxiliam os usuários a tomarem boas decisões.

Ainda conforme a Estrutura Conceitual, o processo mais eficiente e mais efetivo para aplicação das características qualitativas fundamentais usualmente seria:

✓ Primeiro, identificar o fenômeno econômico que tenha o potencial de ser útil para os usuários da informação contábil-financeira reportada pela entidade.

✓ Segundo, identificar o tipo de informação sobre o fenômeno que seria mais relevante se estivesse disponível e que poderia ser representado com fidedignidade.

✓ Terceiro, determinar se a informação está disponível e pode ser representada com fidedignidade.

Já as características qualitativas de melhoria são: ***comparabilidade, verificabilidade, tempestividade e compreensibilidade***.

Para a Estrutura Conceitual, a aplicação das características qualitativas de melhoria é um processo iterativo que não segue uma ordem preestabelecida. Algumas vezes, pode ser que uma característica qualitativa de melhoria tenha que ser diminuída para maximização de outra característica qualitativa.

Por exemplo, a redução temporária na comparabilidade como resultado da aplicação prospectiva de uma nova norma contábil-financeira pode ser vantajosa para o aprimoramento da relevância ou da representação fidedigna no longo prazo. Divulgações apropriadas podem parcialmente compensar a não comparabilidade.

QUADRO 2.4
Síntese das características qualitativas de melhoria

<table>
<tr><td rowspan="4">CARACTERÍSTICAS QUALITATIVAS DE MELHORIA</td><td>COMPARA-BILIDADE</td><td>A informação contábil-financeira de uma determinada empresa será mais útil caso possa ser comparada com informação similar sobre outras empresas e com informação similar sobre a mesma empresa para outro período ou para outra data. A consistência contribui para comparabilidade. Contudo, comparabilidade não significa uniformidade.</td></tr>
<tr><td>VERIFICA-BILIDADE</td><td>A verificabilidade ajuda a assegurar que a informação representa fidedignamente o fenômeno econômico que se propõe representar. A verificabilidade significa que observadores independentes podem chegar a um consenso quanto ao retrato de uma realidade econômica em particular ser uma representação fidedigna.</td></tr>
<tr><td>TEMPES-TIVIDADE</td><td>Tempestividade significa ter informação disponível para tomadores de decisão a tempo de poder influenciá-los em suas decisões. Em geral, a informação mais antiga é a que tem menos utilidade.</td></tr>
<tr><td>COMPREEN-SIBILIDADE</td><td>Classificar, caracterizar e apresentar a informação com clareza e concisão torna-a compreensível. Cabe ressaltar que relatórios contábil-financeiros são elaborados para usuários que têm conhecimento razoável de negócios e de atividades econômicas e que revisem e analisem a informação de modo diligente.</td></tr>
</table>

A definição, o reconhecimento e a mensuração dos elementos a partir dos quais as demonstrações contábeis são elaboradas

De acordo com a Estrutura Conceitual, as demonstrações contábeis retratam os efeitos patrimoniais e financeiros das transações e outros eventos, por meio do grupamento dos mesmos em classes amplas de acordo com as suas características econômicas. Essas classes amplas são denominadas elementos das demonstrações contábeis. Os elementos diretamente relacionados à mensuração da posição patrimonial e financeira no balanço patrimonial são os ativos, os passivos e o patrimônio líquido. Os elementos diretamente relacionados com a mensuração do desempenho na demonstração do resultado são as receitas e as despesas.

Os elementos diretamente relacionados com a mensuração da posição patrimonial e financeira são os ativos, os passivos e o patrimônio líquido. Estes são definidos pela Estrutura Conceitual, conforme a seguir:

a) **Ativo** é um recurso controlado pela entidade como resultado de eventos passados e do qual se espera que fluam futuros benefícios econômicos para a entidade;

b) **Passivo** é uma obrigação presente da entidade, derivada de eventos passados, cuja liquidação se espera que resulte na saída de recursos da entidade capazes de gerar benefícios econômicos;

c) **Patrimônio Líquido** é o interesse residual nos ativos da entidade depois de deduzidos todos os seus passivos.

Ainda conforme a Estrutura Conceitual, ao avaliar se um item se enquadra na definição de ativo, passivo ou patrimônio líquido, deve-se atentar para a sua essência subjacente e realidade econômica e não apenas para sua forma legal. Assim, por exemplo, no caso do arrendamento mercantil financeiro, a essência subjacente e a realidade econômica são a de que o arrendatário adquire os benefícios econômicos do uso do ativo arrendado pela maior parte da sua vida útil, em contraprestação de aceitar a obrigação de pagar por esse direito valor próximo do valor justo do ativo e o respectivo encargo financeiro.

Dessa forma, o arrendamento mercantil financeiro dá origem a itens que satisfazem à definição de ativo e de passivo e, portanto, devem ser reconhecidos como tais no balanço patrimonial do arrendatário.

Já o resultado é frequentemente utilizado como medida de *performance* ou como base para outras medidas, tais como o retorno do investimento ou o resultado por ação. Os elementos diretamente relacionados com a mensuração do resultado são as receitas e as despesas.

Os elementos de receitas e despesas são definidos pela Estrutura Conceitual como segue:

a) **Receitas** são aumentos nos benefícios econômicos durante o período contábil, sob a forma da entrada de recursos ou do aumento de ativos ou diminuição de passivos, que resultam em aumentos do patrimônio líquido, e que não estejam relacionados com a contribuição dos detentores dos instrumentos patrimoniais;

b) **Despesas** são decréscimos nos benefícios econômicos durante o período contábil, sob a forma da saída de recursos ou da redução de ativos ou assunção de passivos, que resultam em decréscimo do patrimônio líquido, e que não estejam relacionados com distribuições aos detentores dos instrumentos patrimoniais.

Por outro lado, o ***"Reconhecimento"*** é o processo que consiste na incorporação ao balanço patrimonial ou à demonstração do resultado dos itens que se enquadrem nas definições de ativo, passivo, patrimônio líquido, receita ou despesa, bem como satisfaça os seguintes critérios de reconhecimento:

a) for provável que algum benefício econômico futuro associado ao item flua para a entidade ou flua da entidade; e

b) o item tiver custo ou valor que possa ser mensurado com confiabilidade[10].

---

[10] A informação é confiável quando ela é completa, neutra e livre de erro.

Já a *"Mensuração"* é o processo que consiste em determinar os montantes monetários por meio dos quais os elementos das demonstrações contábeis devem ser reconhecidos e apresentados no balanço patrimonial e na demonstração do resultado.

O processo de mensuração naturalmente irá envolver a utilização de uma base específica de mensuração. No entanto, um número variado de bases de mensuração é empregado em diferentes graus e em variadas combinações nas demonstrações contábeis, isto é, os relatórios contábeis não são preparados utilizando um único método de mensuração.

De acordo com a Estrutura Conceitual, as bases de mensuração podem ser:

a) **Custo Histórico**: Os ativos são registrados pelos montantes pagos em caixa ou equivalentes de caixa ou pelo valor justo dos recursos entregues para adquiri-los na data da aquisição. Os passivos são registrados pelos montantes dos recursos recebidos em troca da obrigação ou, em algumas circunstâncias (como, por exemplo, imposto de renda), pelos montantes em caixa ou equivalentes de caixa que se espera serão necessários para liquidar o passivo no curso normal das operações.

b) **Custo Corrente**: Os ativos são mantidos pelos montantes em caixa ou equivalentes de caixa que teriam de ser pagos se esses mesmos ativos ou ativos equivalentes fossem adquiridos na data do balanço. Os passivos são reconhecidos pelos montantes em caixa ou equivalentes de caixa, não descontados, que se espera seriam necessários para liquidar a obrigação na data do balanço.

c) **Valor Realizável** (valor de realização ou de liquidação): Os ativos são mantidos pelos montantes em caixa ou equivalentes de caixa que poderiam ser obtidos pela sua venda em forma ordenada. Os passivos são mantidos pelos seus montantes de liquidação, isto é, pelos montantes em caixa ou equivalentes de caixa, não descontados, que se espera serão pagos para liquidar as correspondentes obrigações no curso normal das operações.

d) **Valor Presente**: Os ativos são mantidos pelo valor presente, descontado, dos fluxos futuros de entradas líquidas de caixa que se espera seja gerado pelo item no curso normal das operações. Os passivos são mantidos pelo valor presente, descontado, dos fluxos futuros de saídas líquidas de caixa que se espera serão necessários para liquidar o passivo no curso normal das operações.

Ainda conforme a Estrutura Conceitual, a base de mensuração mais comumente adotada pelas entidades na elaboração de suas demonstrações contábeis é o custo histórico. Ele é normalmente combinado com outras bases de mensuração. Por exemplo, os estoques são geralmente mantidos pelo menor valor entre o custo e o valor líquido de realização, os títulos negociáveis (ações, por exemplo) e instrumentos financeiros derivativos podem ser mensurados pelo valor justo de mercado e os passivos decorrentes de pensões são mantidos pelo seu valor presente. Já custo corrente pode ser utilizado como resposta à incapacidade de o modelo contábil de custo histórico enfrentar os efeitos das mudanças de preços dos ativos não monetários.

Cabe ressaltar, ainda, que o Conceito de **Valor Justo** é um tema tão relevante para o IASB, que foi elaborada uma norma específica, o IFRS 13 – *Fair Value Measurements*, que no Brasil está disponível no CPC 46 – Mensuração do Valor Justo, aprovado em dezembro de 2012, e que entrou em vigor a partir de 1º de janeiro de 2013. De acordo com o IFRS 13 e CPC 46, o Valor Justo é definido como ***o preço que seria recebido pela venda de um ativo ou que seria pago pela transferência de um passivo em uma transação não forçada entre participantes do mercado na data de mensuração***.

A mensuração do valor justo requer que a entidade determine os itens a seguir:

- O ativo ou passivo específico objeto da mensuração.
- A premissa de avaliação apropriada para a mensuração.
- O mercado principal para o ativo ou passivo.
- As técnicas de avaliação apropriadas para a mensuração.

Contudo, sempre deve ser considerada a disponibilidade de dados com os quais se possam desenvolver informações que representem as premissas que seriam utilizadas por participantes do mercado ao precificar o ativo ou o passivo e o nível da hierarquia de valor justo no qual se classificam os dados[11].

Os conceitos de capital e de manutenção do capital

Para a Estrutura Conceitual, o conceito de ***capital financeiro*** (ou monetário) é adotado pela maioria das entidades na elaboração de suas demonstrações contábeis. De acordo com o conceito de capital financeiro, tal como o dinheiro investido ou o seu poder de compra investido, o capital é sinônimo de ativos líquidos ou patrimônio líquido da entidade. Segundo o conceito de ***capital físico***, tal como capacidade operacional, o capital é considerado como a capacidade produtiva da entidade baseada, por exemplo, nas unidades de produção diária.

A seleção do conceito de capital apropriado para a entidade deve estar baseada nas necessidades dos usuários das demonstrações contábeis. Assim, o conceito de capital financeiro deve ser adotado se os usuários das demonstrações contábeis estiverem primariamente interessados na manutenção do capital nominal investido ou no poder de compra do capital investido. Se, contudo, a principal preocupação dos usuários for com a capacidade operacional da entidade, o conceito de capital físico deve ser adotado. O conceito escolhido indica o objetivo a ser alcançado na determinação do lucro, mesmo que possa haver algumas dificuldades de mensuração ao tornar operacional os conceitos apresentados pela Estrutura Conceitual:

a) **Manutenção do Capital Financeiro** – De acordo com esse conceito, o lucro é considerado auferido somente se o montante financeiro (ou dinheiro) dos ativos líquidos no fim do período exceder o seu montante financeiro

[11] Para obter maiores informações sobre a norma contábil da mensuração do valor justo, basta acessar o site http://www.cpc.org.br, ir até "Pronunciamentos" e procurar o CPC 46.

(ou dinheiro) no começo do período, depois de excluídas quaisquer distribuições aos proprietários e seus aportes de capital durante o período. A manutenção do capital financeiro pode ser medida em qualquer unidade monetária nominal ou em unidades de poder aquisitivo constante.

b) **Manutenção do Capital Físico** – De acordo com esse conceito, o lucro é considerado auferido somente se a capacidade física produtiva (ou capacidade operacional) da entidade (ou os recursos ou fundos necessários para atingir essa capacidade) no fim do período exceder a capacidade física produtiva no início do período, depois de excluídas quaisquer distribuições aos proprietários e seus aportes de capital durante o período.

Outros pontos relevantes estabelecidos na Estrutura Conceitual

A premissa subjacente da Continuidade

As demonstrações contábeis normalmente são elaboradas tendo como premissa que a entidade está em atividade (*going concern assumption*) e irá manter-se em operação por um futuro previsível. Desse modo, parte-se do pressuposto de que a entidade não tem a intenção, nem tampouco a necessidade, de entrar em processo de liquidação ou de reduzir materialmente a escala de suas operações. Por outro lado, se essa intenção ou necessidade existir, as demonstrações contábeis podem ter que ser elaboradas em bases diferentes (valor de venda forçada, por exemplo). Nesse caso, a base de elaboração utilizada deve ser divulgada.

Performance financeira refletida pelo Regime de Competência (Accruals)

O regime de competência retrata com propriedade os efeitos das transações econômicas de uma entidade, nos períodos em que ditos efeitos são produzidos, ainda que os recebimentos e pagamentos em caixa ocorram em outros períodos. Na lógica da Estrutura Conceitual o Regime de Competência é capaz de fornecer melhor base de avaliação da *performance* passada e futura da entidade do que a informação puramente baseada em recebimentos e pagamentos em caixa ao longo de um mesmo período.

No entanto, as informações sobre a *performance* de uma entidade com base no Regime de Competência são úteis para avaliar a capacidade passada e futura da entidade na geração de fluxos de caixa líquidos. Essas informações servem de indicativos da extensão em que a entidade que reporta a informação tenha aumentado seus recursos econômicos disponíveis, e dessa forma sua capacidade de gerar fluxos de caixa líquidos por meio de suas operações e não pela obtenção de recursos adicionais diretamente de investidores e credores.

Performance financeira refletida pelos fluxos de caixa passados

Informações sobre os fluxos de caixa da entidade que reporta a informação durante um período também ajudam os usuários a avaliar a capacidade de a entidade gerar fluxos de caixa futuros líquidos.

A Estrutura Conceitual esclarece que essas informações sobre os fluxos de caixa indicam como a entidade que reporta a informação obtém e despende caixa, incluindo informações sobre seus empréstimos e resgate de títulos de dívida, dividendos em caixa e outras distribuições em caixa para seus investidores, e outros fatores que podem afetar a liquidez e a solvência da entidade. Informações sobre os fluxos de caixa auxiliam os usuários a compreender as operações da entidade que reporta a informação, a avaliar suas atividades de financiamento e investimento, a avaliar sua liquidez e solvência e a interpretar outras informações acerca de sua *performance* financeira.

2.4 Questões conceituais para discussão

1) Após um mês da aquisição de um terreno de dez mil metros quadrados pela empresa Enseada Azul Ltda., na cidade de Guarapari, no litoral sul do estado do Espírito Santo, por **R$ 10.000.000,00**, foi anunciado por um grupo empresarial do ramo de construção de *shopping centers* que seria futuramente construído um novo e moderno empreendimento bem ao lado do terreno adquirido pela Enseada Azul Ltda. Um novo gerente financeiro recém-contratado pela empresa afirma que essa notícia gerou

uma valorização de 50% no terreno. Por isso, solicita ao contador da empresa a contabilização desse ativo por **R$ 15.000.000,00**.

❖ ***Qual seria sua atitude diante dessa situação? Fundamente e explique com base na Estrutura Conceitual do IASB e CPC.***

2) Em função da crise econômica internacional de 2008 o Banco Leste Europeu S/A passou por sérias dificuldades de liquidez para honrar seus compromissos e contratos que envolviam instrumentos financeiros derivativos. Essa situação delicada do Banco provocou um processo de descontinuidade e, consequentemente, a instituição está sendo obrigada a vender ativos para pagar dívidas com empregados, investidores e credores. Diante dessa situação, responda:

❖ ***Os ativos do Banco devem ser mensurados em que base de mensuração? Argumente.***

3) O Clube Baixada Santista, com sede no Litoral Sul Paulista, atualmente é dono do passe de um jogador que atende pelo apelido de "Coruja". Esse jogador chegou nas divisões de base do clube com 12 anos e logo demonstrou habilidade com a bola e muita precisão em chutes de fora da área e nas cobranças de falta, que inclusive lhe renderam o apelido de Coruja, pois, como se diz na linguagem do futebol, ele sempre consegue colocar a bola "onde a coruja dorme". Atualmente, com 16 anos, o Clube Baixada Santista firmou um contrato com esse jogador que lhe custou **R$ 360.000,00** (trezentos e sessenta mil reais). Contudo, desde o primeiro dia que esse contrato com duração de três anos foi assinado, diversas foram as propostas recebidas pelo Clube Baixada Santista para vender o jogador Coruja, sendo que a proposta mais recente chegou ao valor de **R$ 3.000.000,00** (três milhões de reais).

❖ ***Como este contrato com o jogador Coruja deve ser reconhecido e mensurado nas demonstrações contábeis do Clube Baixada Santista?***

4) Uma determinada empresa do ramo atacadista vende mercadorias que lhe custaram R$ 500.000,00 (quinhentos mil reais) para uma outra empresa do ramo varejista pelo valor de R$ 750.000,00 (setecentos e cinquenta mil reais), cujo pagamento será feito ao final de seis meses após a transação de compra e venda. Por outro lado, o preço dessas mesmas mercadorias seria de R$ 700.000,00 (setecentos mil reais) para pagamento à vista.

❖ ***Como a empresa do ramo atacadista deve reconhecer a receita dessa transação? E o que deve acontecer na contabilidade da empresa do ramo varejista?***

5) No processo de seleção de um novo profissional da área financeira, o *Controller* da indústria XYZ solicitou aos diversos candidatos que pleiteavam a vaga uma posição esclarecedora sobre as situações em que deveria (ou não) ser reconhecido e contabilizado um passivo exigível da empresa. As situações apresentadas foram:

- Deterioração do estoque de matéria-prima e insumos da empresa decorrentes do mau acondicionamento.
- Contratação de uma operação de arrendamento mercantil financeiro, para adquirir equipamentos utilizados na produção industrial.
- Reconhecimento de contingências ambientais em função de projetos futuros que poderão aumentar o número de reclamações contra a empresa na justiça.

❖ ***Você deve fundamentar sua posição (se é passivo exigível ou não) para cada uma das três situações apresentadas.***

6) A empresa Carioca Show Business S/A, especializada no segmento de espetáculos e entretenimentos, negociou recentemente com uma empresa que tem sede em Amsterdam, na Holanda, a compra dos direitos autorais

para a reprodução de um grande espetáculo teatral e musical aqui no Brasil.

Foi celebrado um contrato entre as partes envolvidas, que permite à Carioca Show Business S/A a reprodução do referido espetáculo teatral e musical pelo período de cinco anos em qualquer cidade localizada no Brasil.

Contudo, para concretizar a realização desse evento o setor de orçamento da Carioca Show Business S/A estima os seguintes gastos:

✓ Gastos com a compra dos direitos autorais = R$ 500.000,00

✓ Gastos com aluguel de teatro e artistas = R$ 200.000,00

✓ Gastos com divulgação do espetáculo = R$ 150.000,00

❖ ***Levando em consideração os conceitos de "ativo" e "despesas", como esses gastos deverão ser contabilizados pela Carioca Show Business S/A? Se possível, faça comentários sobre o tratamento contábil desses gastos ao longo do período do contrato, que é de cinco anos.***

CASO 3 • Hotel Brazuca

O Hotel Brazuca foi fundado em 1975 pelo Sr. João Cardoso, na cidade de Manaus. O proprietário e mais 10 empregados cuidavam do negócio, contando ainda com os serviços de um escritório de contabilidade que se encarregava da escrituração, elaboração dos relatórios contábeis e pagamentos de impostos.

Em 2011, logo após o responsável pelo escritório de contabilidade ter solicitado um cheque no valor de R$ 180.000,00 para pagamento do imposto de renda, referente ao resultado obtido pelo hotel em 2010, o Sr. João, sem entender por que teria que pagar imposto de renda sobre o resultado de um ano onde havia realizado obras vultosas na reforma do hotel, solicitou a ajuda de um antigo hóspede, empregado de uma grande firma de auditoria, que sempre viajava a trabalho para Manaus.

O auditor concordou em ajudar o amigo, solicitando que este providenciasse a documentação do ano anterior, e informando que inicialmente contaria com o auxílio de um estagiário para efetuar os levantamentos preliminares.

Os dados referentes ao ano de 2010 são os seguintes:

1. Balanco de Abertura (referente ao dia 31/12/2009)

Em R$ Mil

ATIVO		PASSIVO + PATRIMÔNIO LÍQUIDO	
CAIXA	30	FORNECEDORES	100
BANCOS	350	TÍTULOS A PAGAR	150
POUPANÇA	420	CAPITAL	1.100
PRÉDIOS	500	RESERVAS DE LUCROS	150
TERRENOS	200		
TOTAL	**1.500**	**TOTAL**	**1.500**

2. Resumo das operações realizadas ao longo do ano de 2010

Receitas de hospedagem	1.790	Reforma dos prédios	280
Receita de juros de poupança	63	Despesas administrativas	403
Pagamento de fornecedores	100	Pagamento de títulos a pagar	150
Salários dos empregados	700	Imposto de Renda	180
Pró-labore do proprietário	150	Saque da Poupança	200
Compra de terreno	100		

3. Informações adicionais:

- ❑ As receitas de hospedagem foram totalmente depositadas em Bancos;
- ❑ Todos os pagamentos foram efetuados através de Cheques (Bancos);
- ❑ Com relação aos salários dos empregados, 10 foram pagos com Caixa, 600 foram pagos com Cheques (Bancos) e 90 ficaram para ser pagos em janeiro de 2011;
- ❑ O terreno foi comprado com pagamento de um sinal de 20% e com emissão de títulos a pagar no valor de 80%;
- ❑ O imposto de renda calculado referente ao ano de 2010, no valor de 180, somente será pago em 2011;
- ❑ O pró-labore do proprietário é considerado como despesa;
- ❑ O gasto relativo à reforma dos prédios deve ser incorporado ao valor dos prédios constante do Balanço de Abertura de 31/12/2009;
- ❑ O valor sacado da Caderneta de Poupança foi depositado no Banco.

Desconsiderando a informação relativa às datas que não foram fornecidas, pede-se que você ajude o auditor, seguindo o seguinte roteiro de trabalho:

a) Efetue todos os lançamentos no Diário;

b) Transcreva os lançamentos para o Razão (use contas "T");

c) Faça uma apuração do Resultado de modo intuitivo referente ao ano de 2010;

d) Apresente o Balanço Patrimonial (em formato simples e introdutório) de 31/12/2010;

e) Como você explicaria ao Sr. João Cardoso o resultado apurado conforme o Regime de Competência e não pelo Regime de Caixa?

CASO 4 • Empresa Vinhos Moura

Em 2008, José Gomes, com o fruto de uma poupança acumulada ao longo de mais de 30 anos de trabalho como gerente de uma grande companhia atacadista de vinhos, abriu uma loja para venda de bebidas finas, a empresa Vinhos Moura. No final de 2009, seu primeiro ano no negócio, ele recebeu um relatório do sindicato do comércio varejista de bebidas que indicava que sua empresa tinha incorrido em prejuízo no primeiro ano de operações. Gomes ficou bastante abalado com o informe, pois tinha certeza de que havia obtido lucros razoáveis e não conseguia entender como o pessoal do sindicato havia chegado a um resultado tão diferente.

O sindicato elaborava anualmente, de forma graciosa para os associados, um demonstrativo sobre o desempenho financeiro do setor. Este trabalho de compilação era efetuado pela empresa de Consultoria ASG, que remetia formulários padronizados para as empresas, solicitando dados sobre investimentos, receitas e despesas realizadas no ano, de modo a poder preparar primeiramente um demonstrativo sobre o desempenho da empresa e, posteriormente, consolidar o desempenho do setor.

Ao preencher os formulários remetidos pela ASG, Gomes informou que havia retirado R$ 120.000 da firma para seu uso particular e que esta importância era somente 20% superior ao salário que recebia anteriormente como gerente de uma grande empresa de bebidas. Além disso, informou também que sua esposa havia retirado R$ 12.000 para o pagamento de gastos escolares de seus filhos e que durante o ano ela havia efetuado depósitos na empresa por serviços particulares que prestava como costureira, no valor de R$ 25.000. O seu imposto de renda pessoal de R$ 35.000 também foi informado como uma despesa da empresa.

Como a firma de consultoria havia solicitado dados adicionais sobre aluguéis, impostos, taxas, seguros etc., informou que o prédio onde se encontrava localizada a loja e o automóvel utilizados nos serviços da Vinhos Moura eram de sua propriedade e que já os possuía antes de abrir a firma e que haviam custado, respectivamente, R$ 500.000 e R$ 20.000. Informou, ainda, que, segundo um levantamento efetuado por ele, se a Vinhos Moura alugasse um prédio no mesmo bairro, pagaria um aluguel anual de aproximadamente R$ 60.000. Por último, explicou que havia contratado um seguro anual contra incêndio no valor de R$ 12.000, em 1° de outubro de 2009, e que os salários dos empregados, relativos ao mês de dezembro, no valor de R$ 6.000, somente seriam pagos no dia 5 do mês seguinte. A Demonstração de Resultados elaborada pela Vinhos Moura, com base na movimentação de caixa, é apresentada no Anexo 1.

Com base nas informações fornecidas por Gomes, a firma de consultoria ASG preparou a Demonstração de Resultados que é apresentada no Anexo 2.

Insatisfeito com a diferença encontrada nos dois Demonstrativos, Gomes pediu a um amigo contador para ajudá-lo na apuração do resultado que reflita a situação real de seu negócio.

Questões:

1) Qual o resultado alcançado pela Vinhos Moura em 2009?

2) Quais conceitos contábeis, da Estrutura Conceitual, não foram considerados?

3) Que recomendações você faria para o Sr. Gomes?

Anexo 1

VINHOS MOURA
Demonstração de Resultados de 2009

Vendas			550.000
Custo das Mercadorias Vendidas			300.000
Lucro Bruto			***250.000***
Despesas:			
Salários		78.000	
Seguros		12.000	
Depreciação do Prédio		10.000	
Depreciação do Veículo		4.000	
Depreciação de Equipamentos		2.500	
Juros		1.500	
Taxas Diversas		2.000	
Honorários Diversos		4.000	
Diversas	8.000		
Imposto de Renda		35.000	
Combustíveis		3.000	
Total de Despesas		***160.000***	
Lucro Líquido			**90.000**

Anexo 2

VINHOS MOURA
Demonstração de Resultados de 2009
Elaborado pela ASG

Vendas		550.000
Custo das Mercadorias Vendidas		300.000
Lucro Bruto		***250.000***
Despesas:		
Salários	196.000	
Seguros	3.000	
Depreciação de Equipamentos	2.500	
Juros	1.500	
Taxas Diversas	2.000	
Honorários Diversos	4.000	
Diversas	8.000	
Combustíveis	3.000	
Aluguel	60.000	
Total de Despesas	280.000	
Prejuízo		**30.000**

Parte II

A INFORMAÇÃO CONTÁBIL-FINANCEIRA (*FINANCIAL REPORTING*)

Capítulo 3

BALANÇO PATRIMONIAL

OBJETIVOS DO CAPÍTULO

- Explicar algumas particularidades sobre a apresentação das demonstrações contábeis.
- Avançar nos estudos sobre o Balanço Patrimonial.
- Apontar algumas novidades trazidas pelo CPC e IFRS na elaboração e apresentação do Balanço Patrimonial.
- Explicar algumas análises básicas e intuitivas que podemos fazer a partir do Capital Circulante Líquido (CCL).

3.1 Introdução

Antes de abordar especificamente o Balanço Patrimonial, torna-se necessário explicar algumas particularidades em torno do processo de apresentação das demonstrações contábeis. Nesse sentido, cabe ressaltar que normas contábeis foram aprovadas pelo IASB (International *Accounting Standards Board*) e CPC (Comitê de Pronunciamentos Contábeis) para tratar desse processo de apresentação das demonstrações contábeis.

- No IASB:
  IAS 1 – *Presentation of Financial Statements*

- No CPC:
  CPC 26 – Apresentação das Demonstrações Contábeis

De acordo com essas normas, as demonstrações contábeis de propósito geral, que normalmente são denominadas como "demonstrações contábeis" ou "relatórios financeiros", são demonstrações cujo propósito reside no atendimento das necessidades informacionais dos usuários externos (investidores, credores por empréstimos e outros credores) que não se encontram em condições de requerer relatórios específicos ou sob medida para atender às suas necessidades e interesses particulares. Diferentemente do que ocorre com usuários internos (diretores, gerentes e gestores de um modo geral), pois esses, além de terem acesso ao processo de elaboração das demonstrações contábeis, também podem preparar relatórios gerenciais de uso interno e restrito das empresas (orçamentos, relatório de desempenho por unidades de negócios etc.).

Sendo assim, o objetivo das normas IAS 1 e CPC 26 é definir a base para a apresentação das demonstrações contábeis, para assegurar a comparabilidade tanto com as demonstrações contábeis de períodos anteriores da mesma entidade quanto com as demonstrações contábeis de outras entidades. Nesse cenário, estas normas estabelecem requisitos gerais para a apresentação das demonstrações contábeis, diretrizes para a sua estrutura e os requisitos mínimos para seu conteúdo.

Para o CPC 26 as demonstrações contábeis apresentam duas principais finalidades:

i. Proporcionar informação acerca da posição patrimonial e financeira, do desempenho e dos fluxos de caixa da entidade que seja útil a um grande número de usuários em suas avaliações e tomada de decisões econômicas; e

ii. Apresentar os resultados da atuação da administração na gestão da entidade e sua prestação de contas quanto aos recursos que lhe foram confiados.

Necessariamente, as demonstrações contábeis precisam fornecer informações das empresas sobre *ativos, passivos, patrimônio líquido, receitas, despesas, alterações no capital próprio e fluxos de caixa.*

Conforme estabelecido no CPC 26, o conjunto completo de demonstrações contábeis deve incluir:

a) ***balanço patrimonial*** *ao final do período;*

b1) ***demonstração do resultado*** *do período;*

b2) ***demonstração do resultado abrangente*** *do período;*

c) ***demonstração das mutações do patrimônio líquido*** *do período;*

d) ***demonstração dos fluxos de caixa*** *do período;*

e) ***notas explicativas****, compreendendo um resumo das políticas contábeis significativas e outras informações elucidativas;*

f) ***balanço patrimonial comparativo****, do início do período mais antigo, comparativamente apresentado, quando a entidade aplica uma política contábil* *retrospectivamente ou procede à reapresentação retrospectiva de itens das demonstrações contábeis, ou ainda quando procede à reclassificação de itens de suas demonstrações contábeis; e*

g) ***demonstração do valor adicionado*** *do período, conforme Pronunciamento Técnico CPC 09, se exigido legalmente ou por algum órgão regulador ou mesmo se apresentada voluntariamente.*

É apresentado no Quadro 3.1 a relação entre o tipo de informação desejada pelos diversos usuários da contabilidade e as respectivas demonstrações contábeis:

QUADRO 3.1
Relação entre o tipo de informação e as demonstrações contábeis

TIPO DE INFORMAÇÃO	DEMONSTRAÇÕES CONTÁBEIS
Posição Patrimonial e Financeira	✓ Balanço Patrimonial – BP ✓ Demonstração das Mutações do Patrimônio Líquido – DMPL
Desempenho	✓ Demonstração do Resultado do Exercício – DRE ✓ Demonstração do Resultado Abrangente – DRA ✓ Demonstração do Valor Adicionado – DVA
Fluxos de Caixa	✓ Demonstração dos Fluxos de Caixa – DFC
Informações Qualitativas	✓ Notas Explicativas – NE

Já a Figura 3.1 tentar resumir de modo bastante ilustrativo esse conjunto completo de demonstrações contábeis que estão mencionados no CPC 26. Contudo, o foco deste livro serão as três demonstrações contábeis (*Financial Reporting*) mais relevantes do ponto de vista empresarial: **Balanço Patrimonial – BP, Demonstração do Resultado do Exercício – DRE e Demonstração dos Fluxos de Caixa – DFC.**

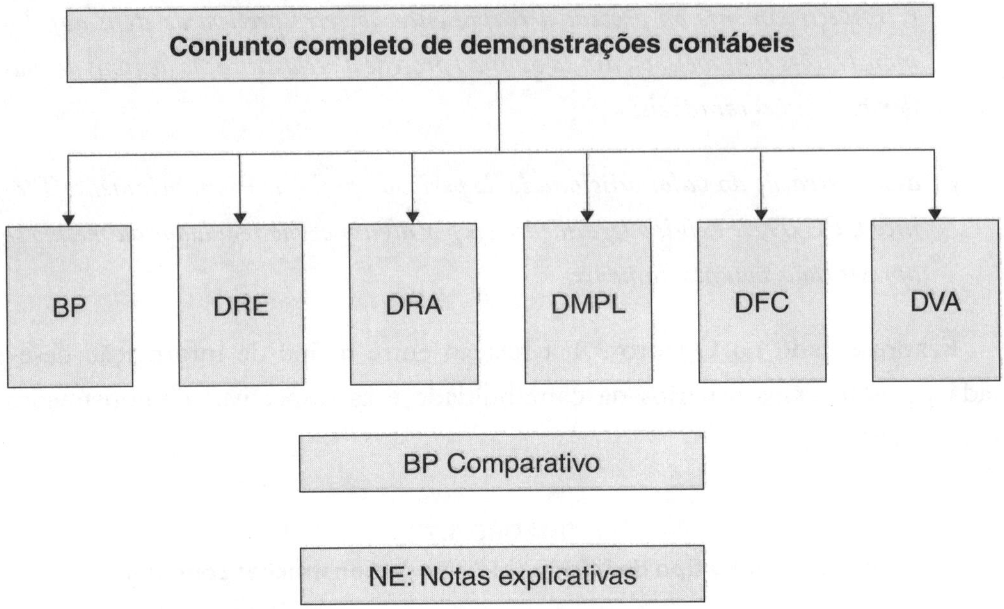

FIGURA 3.1 Conjunto completo de demonstrações contábeis.

Muitas empresas apresentam outros relatórios além das demonstrações contábeis que são mencionadas no CPC 26, por exemplo: o relatório da administração, assim como relatórios ambientais e sociais, sobretudo nos setores em que os fatores ambientais e sociais sejam significativos.

Esses relatórios que são apresentados de modo adicional ao conjunto completo de demonstrações contábeis, sendo que em alguns casos são de caráter até voluntário por parte das empresas, estão fora do âmbito das normas do IASB e CPC.

Outras considerações gerais sobre a apresentação das demonstrações contábeis, que são abordadas no CPC 26, foram resumidas no Quadro 3.2:

QUADRO 3.2
Considerações gerais sobre a apresentação das demonstrações contábeis

MATERIALIDADE E AGREGAÇÃO:	Cada classe relevante de itens semelhantes deve ser apresentada separadamente nas demonstrações contábeis.
COMPENSAÇÃO DE VALORES:	Ativos e passivos, receitas e despesas não devem ser compensados, exceto quando refletirem a essência da transação.
FREQUÊNCIA DE APRESENTAÇÃO:	Pelo menos uma vez ao ano.
INFORMAÇÃO COMPARATIVA:	A entidade deve, ao divulgar informação comparativa, apresentar no mínimo dois balanços patrimoniais e duas de cada uma das demais demonstrações contábeis. Quando a entidade aplica uma política contábil retrospectivamente ou faz a divulgação retrospectiva de itens de suas demonstrações contábeis, ou ainda, quando reclassifica itens de suas demonstrações contábeis, deve apresentar, como mínimo, 3 (três) balanços patrimoniais e duas de cada uma das demais demonstrações contábeis. Nesse caso, devem ser apresentados balanços patrimoniais relativos: ao término do período corrente; ao término do período anterior (que corresponde ao início do período corrente); e ao início do mais antigo período comparativo apresentado.
CONSISTÊNCIA DE APRESENTAÇÃO:	A apresentação e a classificação de itens nas demonstrações contábeis devem ser mantidas de um período para outro, salvo se: (a) for evidente, após uma alteração significativa na natureza das operações da entidade ou uma revisão das respectivas demonstrações contábeis, que outra apresentação ou classificação seja mais apropriada (conforme CPC 23); ou (b) outro Pronunciamento, Interpretação ou Orientação do CPC requerer alteração na apresentação.

Vale a pena destacar que no caso do Brasil ocorre uma discussão muito intensa em torno da obrigatoriedade (ou não) de elaboração, publicação anual e divulgação trimestral desses relatórios contábeis.

Entendemos que a elaboração das demonstrações contábeis é de caráter obrigatório para todas as empresas. Essa nossa posição tem como base a regulamentação do Código Comercial brasileiro, da própria legislação tributária e, principalmente, a posição do CFC – Conselho Federal de Contabilidade, que exige dos profissionais de contabilidade nele registrados a elaboração desses relatórios para todas as empresas que eles prestarem serviços contábeis. Contudo, a **publicação anual e divulgação trimestral** das demonstrações contábeis vai depender do formato jurídico no qual a empresa foi constituída.

Uma *Sociedade Anônima de Capital Aberto*, com ações negociadas em bolsa e regulada pela CVM – Comissão de Valores Mobiliários, está obrigada a publicar anualmente e divulgar trimestralmente suas demonstrações contábeis, com auditoria independente por auditor registrado na CVM. Já uma *Sociedade Anônima de Capital Fechado*, que emite ações, mas não negocia no mercado de valores mobiliários, também precisa seguir a legislação societária brasileira[1] (conhecida como Lei das S/A), a qual estabelece no art. 289 a publicação anual das demonstrações contábeis: "*as publicações ordenadas pela presente Lei serão feitas no órgão oficial da União ou do Estado ou do Distrito Federal, conforme o lugar em que esteja situada a sede da companhia, e em outro jornal de grande circulação editado na localidade em que está situada a sede da companhia*". No entanto, as Sociedades por Quotas de Responsabilidade Limitada não estão obrigadas a publicar ou divulgar, mas, conforme exigências da legislação comercial e fiscal brasileiras, essas empresas devem elaborar suas demonstrações contábeis. O Quadro 3.3 apresenta uma síntese desta questão:

[1] Lei n. 6.404, de 15 de dezembro de 1976, que dispõe sobre as Sociedades por Ações.

QUADRO 3.3
Tipos de sociedade e suas obrigatoriedades em torno das demonstrações contábeis

Tipos de Sociedade	Elaboração	Publicação Anual	Divulgação Trimestral
Sociedade Anônima de Capital Aberto	SIM	SIM	SIM
Sociedade Anônima de Capital Fechado	SIM	SIM	NÃO
Sociedades por Quotas de Responsabilidade Limitada[2]	SIM	NÃO	NÃO

3.2 Patrimônio: por que controlar e avaliar essa informação?

Vamos iniciar a explicação sobre o Balanço Patrimonial fazendo uma pergunta bastante simples, porém desafiadora:

O que você faria com R$ 10.000.000,00 (dez milhões de reais)?

Considerando que sua resposta não pode ser consumir ou simplesmente gastar esse dinheiro com seus desejos de viagens, comprar imóveis para moradia ou lazer, adquirir carros de passeio e roupas, mas que o objetivo seja simplesmente **investir**.

[2] A Lei n. 11.638/2007, que atualizou a Lei n. 6.404/1976, criou a figura da **Sociedade de Grande Porte**, que, para os fins exclusivos desta Lei, são as sociedades ou conjunto de sociedades sob controle comum que tiverem, no exercício social anterior, ativo total superior a R$ 240.000.000,00 ou receita bruta anual superior a R$ 300.000.000,00. Nesse caso, mesmo as Sociedades Limitadas deverão seguir as disposições da legislação societária sobre escrituração e elaboração das demonstrações contábeis e deverão ter auditoria independente por auditor registrado na CVM.

Você poderia ter uma série de opções de investimentos, algumas com poucos riscos e outras mais arriscadas. A Figura 3.2 apresenta algumas opções para investir, o seu potencial de risco e a relação da contabilidade com o grau de risco desses investimentos.

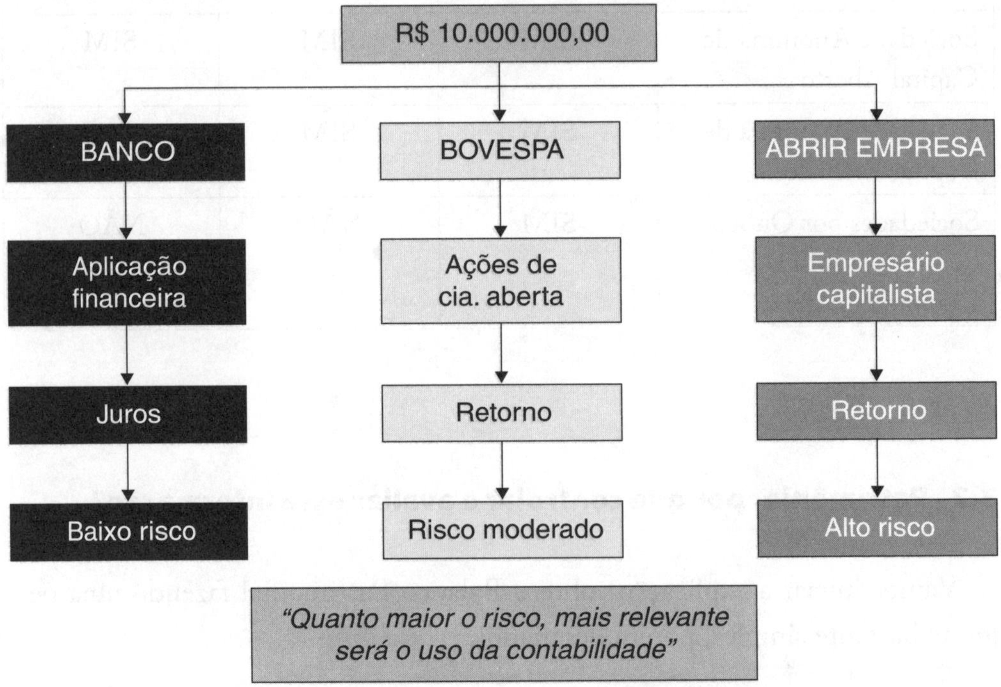

Figura 3.2 Decisões de investimentos, riscos e o papel da contabilidade.

Perceba que ao fazer uma simples aplicação financeira no banco para obter juros, que muitas vezes são renda fixa, você não vai correr muitos riscos em função desta decisão e naturalmente não vai precisar controlar e avaliar com muito rigor esse investimento.

Neste primeiro cenário, as informações contábeis e os seus relatórios como o balanço patrimonial não irão fazer muito sentido, exceto se por algum motivo você desconfiar da situação econômico-financeira do banco e queira avaliar sua posição patrimonial por meio das demonstrações contábeis que certamente essa instituição financeira irá publicar.

Já no caso de utilizar essa quantia de R$ 10.000.000,00 (dez milhões de reais) para comprar ações de empresas que sejam Sociedade Anônima de Capital Aberto, com ações negociadas em bolsa, certamente seu risco irá aumentar em relação a uma simples aplicação financeira no banco para obter juros. Agora você é um sócio acionista, mesmo que minoritário, de empresas listadas na BOVESPA. Ler e entender relatórios contábeis, como o balanço patrimonial dessas empresas, que são publicados anualmente e divulgados trimestralmente, deverá fazer parte da sua rotina como investidor que está disposto a correr riscos no mercado de capitais.

O fato de classificarmos como "risco moderado" seu investimento em compra de ações parte da premissa de que foram selecionados papéis das empresas com uma boa gestão e governança corporativa, isto é, possuem uma administração bastante profissional com foco em decisões que maximizem o valor da empresa e o valor do preço de suas ações. Entretanto, sabemos que isso nem sempre ocorre e, em muitos casos, talvez o mais correto seria classificar a compra de ações como investimento de "alto risco". Independentemente dessa discussão em torno do risco na aquisição das ações de uma companhia aberta, sempre será relevante nesses casos fazer uso da informação produzida pela Contabilidade para conhecer e avaliar a situação patrimonial da empresa na qual você decidiu investir seu dinheiro.

Agora, abrir uma nova empresa com esse capital inicial de dez milhões de reais é uma decisão para poucas pessoas, que por sua vez precisam estar preparadas para "fortes emoções" do ponto de vista do risco. Não é muito difícil encontrar histórias de empresários que não conseguiram manter sua empresa de portas abertas por um período superior a poucos anos de existência, inclusive os dados do SEBRAE em relação ao índice de mortalidade de empresas no Brasil é algo preocupante. Não é nosso objetivo discutir neste livro os diversos motivos que podem justificar situações para descontinuidade ou falência de empresas recém-criadas, mas chamar a atenção para o fato de que uma boa gestão de empresas requer adotar algumas importantes medidas como elaborar relatórios contábeis para controlar e avaliar a situação patrimonial das empresas.

3.3 A Estrutura do Balanço Patrimonial

Primeiramente vamos tentar compreender essa importante demonstração contábil que é o Balanço Patrimonial a partir de uma visão mais introdutória (Figura 3.3), sem muita preocupação com a estrutura formal exigida pelas normas contábeis tradicionais.

Figura 3.3 Visão introdutória do Balanço Patrimonial.

A Figura 3.3 mostra que o balanço patrimonial de um lado apresenta as **origens de recursos** de uma empresa, provenientes tanto de capital próprio (patrimônio líquido) quanto de capital de terceiros (passivo), mas, por outro lado, também apresenta as **aplicações de recursos** em ativos que sejam capazes de gerar benefícios econômicos. Entretanto, o balanço patrimonial não demonstra os resultados obtidos pela empresa (lucros ou prejuízos), pois essas informações serão apresentadas especialmente na demonstração do resultado (assunto abordado no Capítulo 4).

Outra característica do balanço patrimonial é que ele se refere a uma determinada data (31/12/2014, por exemplo) e não a um período (ano de 2014, de 01/01 até 31/12/2014). Então fica reportado por meio desta demonstração contábil a situação patrimonial da empresa em uma data específica, em que os saldos das contas irão representar os valores acumulados a partir dos registros contábeis efetuados pela empresa ao longo de sua existência.

Retomando a Figura 3.3, percebe-se que por meio do balanço patrimonial podemos observar como as empresas se capitalizam, sendo que as fontes de recursos podem ter duas origens: capital próprio e de terceiros. O **capital próprio** corresponde ao valor do patrimônio líquido, que é formado essencialmente pelo capital social integralizado pelos proprietários das empresas (sócios e acionistas), assim como pelas reservas e lucros não distribuídos que ficam retidos para serem reinvestidos nos negócios e em possíveis projetos de expansão empresarial. Já o **capital de terceiros** corresponde às obrigações ou dívidas obtidas contra terceiros, isto é, com os não proprietários, tais como: fornecedores, instituições financeiras e demais credores. Então o **passivo** de uma empresa representa as origens de recursos provenientes de terceiros que também financiam o patrimônio da entidade, sendo que existem passivos provenientes de empréstimos e financiamentos (ou passivo oneroso) e os passivos de funcionamento normalmente relacionados com os fornecedores de bens e serviços (ou passivo não oneroso).

Já no **ativo** são demonstradas todas as aplicações desses recursos originados tanto pelo capital próprio (patrimônio líquido) quanto pelo capital de terceiros (passivo). Contudo, desde a adoção do padrão IFRS no Brasil, por meio do CPC, não se pode definir o ativo como simplesmente um conjunto de "bens e direitos", mas sim como "recursos controlados por uma empresa, oriundo de eventos passados e que seja capaz de gerar benefícios econômicos futuros".

Em outras palavras, o padrão contábil IFRS valoriza a essência econômica do ativo ao invés de ter como foco apenas a sua forma jurídica. Logo, os ativos precisam gerar retornos para remunerar aqueles que financiam a empresa, sendo que dentro da normalidade dos negócios o capital próprio é remunerado pela distribuição de lucros e o capital de terceiros pelo pagamento de juros.

Saindo dessa abordagem mais introdutória, vamos agora tentar explicar o Balanço Patrimonial a partir de uma visão mais estruturada (Figura 3.4), que está alinhada com as normas para elaboração e apresentação das demonstrações contábeis oriundas do CPC e IFRS, bem como com a legislação societária brasileira.

ATIVO	PASSIVO
• Ativo circulante	• Passivo circulante
• Ativo não circulante	• Passivo não circulante
Ativo realizável a longo prazo	**PATRIMÔNIO LÍQUIDO**
Investimentos	Capital social
Imobilizado	Reserva de capital
Intangível	Ajustes de avaliação patrimonial
	Reservas de lucros
	(–) Ações em tesouraria
	(–) Prejuízos acumulados
Ordem decrescente de liquidez	Ordem decrescente de exigibilidade

Figura 3.4 Visão estruturada do Balanço Patrimonial.

Dentro desta visão estruturada do balanço patrimonial, além da tradicional separação entre ativo, passivo e patrimônio líquido, outras importantes segregações de grupos contábeis são necessárias. Primeiramente é importante observar que os ativos e os passivos precisam ser separados em "circulantes" e "não circulantes". Especificamente no grupo "ativo não circulante" também existe a segregação em quatro novos subgrupos: ativo realizável a longo prazo, investimentos, imobilizado e intangível.

Do ponto de vista da ordenação dos grupos de contas, percebe-se que o ativo está organizado em ordem decrescente de liquidez[3], isto é, primeiro são apresentados os grupos de ativos que irão se transformar mais rapidamente em caixa e por fim aqueles que a empresa tem a intenção de permanecer com eles sem transformá-los em dinheiro pela sua realização ou venda.

Conforme estabelecido no item 66 do CPC 26, o **ativo** deve ser classificado como **circulante** quando satisfizer qualquer dos seguintes critérios:

---

[3] Refere-se à velocidade e facilidade com a qual um ativo pode ser convertido em caixa.

a) espera-se que seja realizado, ou pretende-se que seja vendido ou consumido no decurso normal do ciclo operacional da entidade;

b) está mantido essencialmente com o propósito de ser negociado;

c) espera-se que seja realizado até doze meses após a data do balanço; ou

d) é caixa ou equivalente de caixa, a menos que sua troca ou uso para liquidação de passivo se encontre vedada durante pelo menos doze meses após a data do balanço.

Logo, todos os demais ativos devem ser classificados como não circulantes.

O item 68 do CPC 26 define que o **ciclo operacional** da entidade é o tempo entre a aquisição de ativos para processamento e sua realização em caixa ou seus equivalentes. Quando o ciclo operacional normal da entidade não for claramente identificável, pressupõe-se que sua duração seja de doze meses. Os ativos circulantes incluem ativos (tais como estoque e contas a receber comerciais) que são vendidos, consumidos ou realizados como parte do ciclo operacional normal. Os ativos circulantes também incluem ativos essencialmente mantidos com a finalidade de serem negociados e a parcela circulante de ativos financeiros.

Já o passivo está organizado em ordem decrescente de exigibilidade, de modo que as obrigações com vencimentos mais rápidos serão primeiramente reportadas. Para o item 69 do CPC 26, o **passivo** deve ser classificado como **circulante** quando satisfizer qualquer dos seguintes critérios:

a) espera-se que seja liquidado durante o ciclo operacional normal da entidade;

b) está mantido essencialmente para a finalidade de ser negociado;

c) deve ser liquidado no período de até doze meses após a data do balanço; ou

d) a entidade não tem direito incondicional de diferir a liquidação do passivo durante pelo menos doze meses após a data do balanço. Os termos de um passivo que podem, à opção da contraparte, resultar na sua liquidação por meio da emissão de instrumentos patrimoniais não devem afetar a sua classificação.

Logo, todos os outros passivos devem ser classificados como não circulantes.

Tanto na classificação do ativo circulante quanto do passivo circulante, deve-se observar que os critérios não são cumulativos. Sendo assim, apenas um dos critérios precisa ser atendido. No caso de dificuldade para definição do ciclo operacional, utiliza-se normalmente o prazo de um ano. Quando o ciclo operacional for inferior a doze meses, que é a situação mais comum entre as empresas, o prazo de um ano deve ser adotado para a segregação de circulante e não circulante. Contudo, quando for utilizado um prazo superior a um ano nesta segregação, obrigatoriamente deverá ser explicitado em nota explicativa as justificativas necessárias.

O Quadro 3.4 apresenta uma síntese das principais contas reportadas nos grupos circulantes do balanço patrimonial:

QUADRO 3.4
Principais contas reportadas nos grupos circulantes

ATIVO CIRCULANTE	PASSIVO CIRCULANTE
Disponível	Fornecedores e duplicatas a pagar
Clientes e duplicatas a receber	Empréstimos e financiamentos
Investimentos temporários	Salários e encargos a pagar
Estoques	Tributos e impostos a pagar
Despesas pagas antecipadamente	Adiantamento de clientes

Para explicar a classificação das contas em **ativo não circulante** vamos utilizar a versão mais atualizada da legislação societária brasileira[4], conhecida como

---

[4] Lei n. 6.404/1976 (atualizada pelas Leis ns. 11.638/2007 e 11.941/2009), que dispõe sobre as Sociedades por Ações.

Lei das S/A. O item II do § 1º do art. 178 desta Lei estabelece que o ativo não circulante será composto por **ativo realizável a longo prazo, investimentos, imobilizado** e **intangível**. Já o art. 179 diz que essas contas serão classificadas do seguinte modo:

- **no ativo realizável a longo prazo:** os direitos realizáveis após o término do exercício seguinte, assim como os derivados de vendas, adiantamentos ou empréstimos a sociedades coligadas ou controladas, diretores, acionistas ou participantes no lucro da companhia, que não constituírem negócios usuais na exploração do objeto da companhia;

- **em investimentos:** as participações permanentes em outras sociedades e os direitos de qualquer natureza, não classificáveis no ativo circulante, e que não se destinem à manutenção da atividade da companhia ou da empresa;

- **no ativo imobilizado:** os direitos que tenham por objeto bens corpóreos destinados à manutenção das atividades da companhia ou da empresa ou exercidos com essa finalidade, inclusive os decorrentes de operações que transfiram à companhia os benefícios, riscos e controle desses bens;

- **no intangível:** os direitos que tenham por objeto bens incorpóreos destinados à manutenção da companhia ou exercidos com essa finalidade, inclusive o fundo de comércio adquirido.

No que diz respeito ao **passivo exigível**, o art. 180 da mesma Lei estabelece que as obrigações da companhia, inclusive financiamentos para aquisição de direitos do ativo não circulante, serão classificadas no passivo circulante, quando se vencerem no exercício seguinte, e no **passivo não circulante**, se tiverem vencimento em prazo maior.

O item III do § 2º do art. 178 da Lei das S/A é que define a divisão do **patrimônio líquido** em capital social, reservas de capital, ajustes de avaliação patrimonial, reservas de lucros, ações em tesouraria e prejuízos acumulados. Ainda sobre o patrimônio líquido a legislação societária regulamenta o seguinte:

> *Art. 182. A conta do* ***capital social*** *discriminará o montante subscrito e, por dedução, a parcela ainda não realizada.*
>
> *§ 1º Serão classificadas como* ***reservas de capital*** *as contas que registrarem:*
>
> > *a) a contribuição do subscritor de ações que ultrapassar o valor nominal e a parte do preço de emissão das ações sem valor nominal que ultrapassar a importância destinada à formação do capital social, inclusive nos casos de conversão em ações de debêntures ou partes beneficiárias;*
> >
> > *b) o produto da alienação de partes beneficiárias e bônus de subscrição.*
>
> *§ 2º Será ainda registrado como reserva de capital o resultado da correção monetária do capital realizado, enquanto não capitalizado.*
>
> *§ 3º Serão classificadas como* ***ajustes de avaliação patrimonial****, enquanto não computadas no resultado do exercício em obediência ao regime de competência, as contrapartidas de aumentos ou diminuições de valor atribuídos a elementos do ativo e do passivo, em decorrência da sua avaliação a valor justo, nos casos previstos nesta Lei ou, em normas expedidas pela Comissão de Valores Mobiliários.*
>
> *§ 4º Serão classificados como* ***reservas de lucros*** *as contas constituídas pela apropriação de lucros da companhia.*
>
> *§ 5º As* ***ações em tesouraria*** *deverão ser destacadas no balanço como dedução da conta do patrimônio líquido que registrar a origem dos recursos aplicados na sua aquisição.*

Sobre a conta de lucros ou prejuízos acumulados, ficou estabelecido que se o saldo estiver positivo (lucros acumulados), na data referente à preparação do balanço, a empresa deverá destinar o referido saldo para reservas específicas ou também poderá distribuir na forma de dividendos. No entanto, em caso de saldo negativo (prejuízos acumulados) o valor poderá ser reportado como uma conta redutora do patrimônio líquido.

O Quadro 3.5 apresenta uma síntese das principais contas reportadas nos grupos não circulantes do balanço patrimonial:

QUADRO 3.5
Principais contas reportadas nos grupos não circulantes

ATIVO NÃO CIRCULANTE	PASSIVO NÃO CIRCULANTE
Ativo Realizável a Longo Prazo Créditos e Valores a Receber (LP) Investimentos Temporários (LP) Adiantamentos ou Empréstimos a Partes Relacionadas **Investimentos** Propriedades para investimento Investimentos em coligadas, controladas e negócios conjuntos **Imobilizado** Imobilizado em construção Bens em operação (-) Depreciação acumulada (-) Perdas por redução ao valor recuperável (*impairment*) **Intangível** Fundo de comércio (*goodwill*) Marcas e patentes *Software* (–) Amortização acumulada (–) Perdas por redução ao valor recuperável (*impairment*)	Financiamentos (LP) Títulos a pagar (LP) Debêntures (LP) Outras contas a pagar (LP) **PATRIMÔNIO LÍQUIDO** Capital social Reservas de capital Ajustes de avaliação patrimonial Reservas de lucros (–) Ações em tesouraria (–) Prejuízos acumulados

Voltando ao CPC 26, o item 54 estabelece que o balanço patrimonial deve apresentar, respeitada a legislação, no mínimo, as seguintes contas:

a) caixa e equivalentes de caixa;

b) clientes e outros recebíveis;

c) estoques;

d) ativos financeiros;

e) total de ativos classificados como disponíveis para venda (Pronunciamento Técnico CPC 38 – Instrumentos Financeiros: Reconhecimento e Mensuração) e ativos à disposição para venda de acordo com o Pronunciamento Técnico CPC 31 – Ativo Não Circulante Mantido para Venda e Operação Descontinuada;

f) ativos biológicos;

g) investimentos avaliados pelo método da equivalência patrimonial;

h) propriedades para investimento;

i) imobilizado;

j) intangível;

k) contas a pagar comerciais e outras;

l) provisões;

m) obrigações financeiras;

n) obrigações e ativos relativos à tributação corrente;

o) impostos diferidos ativos e passivos, como definido no Pronunciamento Técnico CPC 32;

p) obrigações associadas a ativos à disposição para venda de acordo com o Pronunciamento Técnico CPC 31;

q) participação de não controladores apresentada de forma destacada dentro do patrimônio líquido; e

r) capital integralizado e reservas e outras contas atribuíveis aos proprietários da entidade.

DICAS IMPORTANTES!

* Você pode baixar todas as normas contábeis relacionadas com o Balanço Patrimonial no site do CPC: http://www.cpc.org.br
Na parte superior do site você deve entrar nas seguintes partes:
Documentos Emitidos / Pronunciamentos / Interpretações / Orientações

** É importante você buscar balanços publicados por empresas de seu interesse. Você pode encontrar isso nas Demonstrações Financeiras Padronizadas – DFP que estão disponíveis em sites como o da BM&FBOVESPA (http://www.bmfbovespa.com.br) ou da CVM – Comissão de Valores Mobiliários (http://www.cvm.gov.br). No entanto, consideramos mais fácil e atrativo buscar o site de RI – Relação com Investidores das empresas de seu interesse, pois além do Balanço Patrimonial você poderá baixar diversas outras informações interessantes sobre essas empresas.

3.4 Capital Circulante Líquido (CCL)

O valor do capital circulante líquido (CCL) de uma empresa é obtido por meio do balanço patrimonial, pela diferença entre o ativo circulante e o passivo circulante, ou seja, corresponde ao valor que sobra para a empresa no curto prazo (Figura 3.4).

O capital circulante líquido mostrará a saúde financeira da empresa no curto prazo. A gestão de caixa é sempre fundamental. Logo, quanto maior o valor do capital circulante líquido, menor será o risco financeiro da empresa no curto prazo. Contudo, muita sobra de caixa pode comprometer a rentabilidade da empresa no futuro. Se uma determinada empresa possui muito dinheiro parado em caixa, ela certamente conseguirá suportar os períodos de dificuldades financeiras, mas esse dinheiro em caixa deixará de ser aplicado nas próprias atividades da empresa. Com isso, a empresa torna-se menos rentável, pois haverá menos recursos alocados nos negócios que a fazem gerar lucro (rentabilidade).

Capital circulante líquido

CCL ⇒ indica a liquidez da empresa a curto prazo.

É representado: **CCL = AC – PC**

Tipos de **CCL:**

CCL próprio ou positivo ⇒ **AC > PC**

CCL de terceiros ou negativo ⇒ **AC < PC**

CCL nulo (pouco provável) ⇒ **AC = PC**

ATIVO	PASSIVO + P.L.
Ativo circulante	Passivo circulante
CCL Positivo	Passivo não circulante + Patrimônio líquido
Ativo não circulante	

ATIVO	PASSIVO + P.L.
Ativo circulante	Passivo circulante
Ativo não circulante	CCL Negativo
	Passivo não circulante + Patrimônio líquido

Figura 3.5 Representação do Capital Circulante Líquido.

Por fim, apresentamos um simples exemplo de apuração do capital circulante líquido:

Exemplificação do CCL

ATIVO		PASSIVO + P.L.	
A C	**160.000**	**P C**	120.000
AñC	340.000	PñC	100.000
		PL	280.000
Total	500.000	Total	500.000

AC = 160.000,00

(–) PC = 120.000,00

CCL = 40.000,00

CASO 5 • Cia. Controle Patrimonial

O balancete da **Cia. Controle Patrimonial**, no dia **31/12/2014**, era composto pelos saldos das seguintes contas:

Contas	Saldos
Caixa	$200
Empréstimos de Longo Prazo Obtidos	$500
Prejuízos Acumulados	$450
Fornecedores	$400
Bancos	$250
Clientes	$350
Aplicações Financeiras Realizáveis em 18 meses	$450
Impostos a Pagar	$550
Móveis e Utensílios	$650
Salários a Pagar	$750
Reservas de Capital	$700
Estoque de Mercadorias	$400
Marcas & Patentes	$800
Equipamentos	$1.250
Capital Social	$1.900

Com base somente nessas informações, você deve:

1) Preparar um Balanço Estruturado da Cia. Controle Patrimonial, em 31/12/2014.

2) Calcular e Explicar cada uma das seguintes informações:

   a) O valor do capital próprio

   b) O valor do capital de terceiros

   c) O valor do capital circulante líquido

3) Comentar sobre a Situação Financeira da empresa no curto prazo.

CASO 6 • Desvendando o Patrimônio da AMBEV

BALANÇOS PATRIMONIAIS | Em 31 de Dezembro de 2013, 2012 e 2011 (em milhões de reais)

		Controladora			Consolidad		
Ativo	Nota	2013	2012	2011	2013	2012	201
Caixa e equivalentes a caixa	5	137,0	48,2	69,5	11.285,8	8.974,3	8.145,
Aplicações financeiras	6	–	–	–	288,6	476,6	193,
Contas a receber e demais contas a receber	7	9,6	21,5	9,9	5.443,7	4.268,0	3.875,
Estoques	8	–	–	–	2.795,5	2.466,3	2.238,
Imposto de renda e contribuição social a recuperar		2,6	2,0	2,6	656,4	116,5	293,
Ativos mantidos para venda		–	–	–	–	4,1	0,
Ativo circulante		**149,2**	**71,7**	**82,0**	**20.470,0**	**16.305,8**	**14.747,**
Aplicações financeiras	6	–	–	–	63,8	249,4	242,
Contas a receber e demais contas a receber	7	–	–	–	2.260,2	1.855,0	1.232,
Imposto de renda e contribuição social diferidos	9	837,1	9,7	–	1.646,5	1.428,2	1.447,
Imposto de renda e contribuição social a recuperar		0,3	–	–	11,1	12,3	16,
Benefícios a funcionários	17	–	–	–	23,5	25,5	18,
Investimentos	10	42.896,2	25.155,6	23.034,4	26,5	24,0	21,
Imobilizado	11	–	–	–	13.937,8	12.351,3	10.375,
Ativo intangível	12	–	–	–	3.213,6	2.936,1	1.912,
Ágio	13	–	–	–	27.021,1	26.645,2	23.814,
Ativo não circulante		**43.733,6**	**25.165,3**	**23.034,4**	**48.204,1**	**45.527,0**	**39.080,**
Total do ativo		**43.882,8**	**25.237,0**	**23.116,4**	**68.674,1**	**61.832,8**	**53.827,**

As notas explicativas da Administração são parte integrante das demonstrações contábeis

Fonte: http://www.valor.com.br/sites/default/files/upload_element/26-02_ambev_troca_balanco_2014_c.pdf

Passivo e patrimônio líquido	Nota	Controladora 2013	Controladora 2012	Controladora 2011	Consolidado 2013	Consolidado 2012	Consolidado 2011
Contas a pagar e demais contas a pagar	14	957,6	30,3	28,3	15.107,5	13.579,3	11.302,1
Empréstimos e financiamentos	15	–	–	–	1.040,6	837,8	2.212,1
Conta garantida	5	–	–	–	–	0,1	12,3
Imposto de renda e contribuição social a pagar		–	–	–	887,5	972,4	793,9
Provisões	16	–	–	–	145,0	137,5	101,6
Passivo circulante		**957,6**	**30,3**	**28,3**	**17.180,6**	**15.527,1**	**14.422,0**
Contas a pagar e demais contas a pagar	14	–	–	–	1.556,9	3.064,0	1.196,6
Empréstimos e financiamentos	15	86,4	–	–	1.853,5	2.306,0	1.890,2
Imposto de renda e contribuição social diferidos	9	–	–	–	2.095,7	1.367,7	1.112,0
Provisões	16	–	–	–	431,7	518,1	478,4
Benefícios a funcionários	17	–	–	–	1.558,3	1.780,9	1.602,9
Passivo não circulante		**86,4**	**–**	**–**	**7.496,1**	**9.036,7**	**6.280,1**
Total do passivo		**1.044,0**	**30,3**	**28,3**	**24.676,7**	**24.563,8**	**20.702,1**
Patrimônio líquido	18						
Capital social		57.000,8	249,1	249,1	57.000,8	249,1	249,1
Reservas		61.220,3	51,7	54,3	61.220,3	51,7	54,3
Ajuste de avaliação patrimonial		(75.382,3)	24.905,9	22.784,7	(75.382,3)	24.905,8	22.784,7
Patrimônio líquido de controladores		**42.838,8**	**25.206,7**	**23.088,1**	**42.838,8**	**25.206,6**	**23.088,1**
Participação de não controladores		–	–	–	1.158,6	12.062,4	10.037,2
Total do patrimônio líquido		**42.838,8**	**25.206,7**	**23.088,1**	**43.997,4**	**37.269,0**	**33.125,3**
Total do passivo e patrimônio líquido		**43.882,8**	**25.237,0**	**23.116,4**	**68.674,1**	**61.832,8**	**53.827,4**

Para uma melhor compreensão deste relatório publicado pela Ambev S.A., serão apresentados alguns trechos das Notas Explicativas que fazem parte das Demonstrações Financeiras Padronizadas (DFP) de 31/12/2013:

Informações gerais

A Ambev S.A. (referida como "Companhia" ou "Ambev S.A."), com sede em São Paulo – São Paulo-SP, tem por objetivo, mediante participação direta e indireta em outras sociedades, no Brasil e em outros países das Américas, produzir e comercializar cervejas, chopes, refrigerantes, outras bebidas não alcoólicas, malte e alimentos em geral.

As controladoras direta e final da Companhia são a *InterBrew International B.V.* (IIBV) e a Anheuser-Busch InBev S.A. (ABI), respectivamente. As demonstrações contábeis individuais e consolidadas foram aprovadas pelo Conselho de Administração em 24 de fevereiro de 2014.

Declaração da administração

As demonstrações contábeis individuais e consolidadas foram preparadas e estão sendo apresentadas de acordo com as práticas contábeis adotadas no Brasil, emitidas pelo Comitê de Pronunciamentos Contábeis (CPC), e as normas internacionais de relatório financeiro (IFRS) emitidas pelo *International Accounting Standards Board* (IASB), em vigor em 31 de dezembro de 2013.

Base de preparação e mensuração

As demonstrações contábeis individuais e consolidadas são apresentadas em milhares de reais (R$) arredondados para o milhar mais próximo indicado. Dependendo da norma IFRS/CPC aplicável, o critério de mensuração utilizado na elaboração das demonstrações contábeis considera o custo histórico, o valor líquido de realização, o valor justo ou o valor recuperável. Quando o IFRS/CPC permite a opção entre o custo de aquisição ou outro critério de mensuração, o critério do custo é utilizado.

Caixa e equivalentes a caixa

O caixa e os equivalentes a caixa compreendem os saldos de caixa, os depósitos bancários e outros investimentos de curto prazo de alta liquidez, com vencimentos originais de até três meses, com risco insignificante de mudança de valor, e prontamente conversíveis em caixa. São contabilizados pelo seu valor de face, que é equivalente ao seu valor justo.

Ativos financeiros

A Companhia classifica seus ativos financeiros sob as seguintes categorias: (1) mensurados ao valor justo por meio do resultado, (2) empréstimos e recebíveis, (3) mantidos até o vencimento e (4) disponíveis para venda. A classificação depende da finalidade para a qual os ativos financeiros foram adquiridos. A Administração determina a classificação de seus ativos financeiros no reconhecimento inicial.

Ativos financeiros ao valor justo por meio do resultado: Os ativos financeiros ao valor justo por meio do resultado são ativos financeiros mantidos para negociação. Um ativo financeiro é classificado nessa categoria se foi adquirido, principalmente, para fins de venda no curto prazo. Em geral, os ativos dessa categoria são classificados como aplicações financeiras de curto prazo, no ativo circulante. Aqueles com vencimento original acima de um ano podem ser classificados como aplicações financeiras de curto prazo baseado na intenção e habilidade da Administração em resgatá-los em um período menor do que um ano, bem como, considerando-se a sua natureza de alta liquidez e pelo fato de representarem um caixa disponível para operações correntes. São classificados nesta categoria investimentos em títulos de dívida.

Empréstimos e recebíveis: Os empréstimos e recebíveis são ativos financeiros não derivativos, com pagamentos fixos ou determináveis, que não são cotados em um mercado ativo. São apresentados como ativo circulante, exceto aqueles com prazo de vencimento superior a 12 meses após a data de emissão do balanço (estes são classificados como ativos não circulantes).

Ativos mantidos até o vencimento: Os ativos mantidos até o vencimento são ativos financeiros adquiridos com a intenção e capacidade financeira de manutenção em carteira até o vencimento.

Ativos financeiros disponíveis para venda: Os ativos financeiros disponíveis para venda são instrumentos não derivativos que não são classificados em nenhuma outra categoria. São apresentados como ativos não circulantes, a menos que a Administração pretenda alienar o investimento em até 12 meses após a data do balanço. São classificados nesta categoria investimentos em títulos de dívida, e títulos patrimoniais, que são investimentos nos quais a Companhia não possui influência significativa ou controle.

Isto é geralmente evidenciado quando o investimento equivale a menos de 20% dos direitos de voto.

Contas a receber e demais contas a receber

As contas a receber de clientes e demais contas a receber são contabilizadas pelo seu custo amortizado, menos as perdas com provisão para créditos de liquidação duvidosa.

A provisão para créditos de liquidação duvidosa é feita com base em uma análise de todas as quantias a receber existentes na data do balanço patrimonial. Uma provisão para créditos de liquidação duvidosa é registrada se o recebimento de uma conta a receber se torna duvidoso, ou seja, quando há evidência objetiva que a Companhia não será capaz de cobrar todos os valores devidos de acordo com os prazos originais das contas a receber. Registra-se a provisão para créditos de liquidação duvidosa no montante considerado suficiente pela Administração para cobrir prováveis perdas na realização dos recebíveis. O valor da provisão é a diferença entre o valor contábil e o valor presente dos fluxos de caixa futuros estimados. A provisão é reconhecida na demonstração do resultado, assim como eventuais reversões. Historicamente, não foram registradas perdas significativas em contas a receber de clientes.

Estoques

Os estoques são valorizados pelo menor, entre o custo e o valor líquido de realização.

O custo inclui os gastos incorridos na aquisição do bem, transporte até sua localização atual e colocação em condições de uso. Para a apuração do custo dos estoques emprega-se o método da média ponderada. O custo dos produtos acabados e dos produtos em elaboração contempla as matérias-primas, outros materiais de produção, o custo da mão de obra direta, outros custos diretos, ganhos e perdas com instrumentos financeiros derivativos e uma parcela (alocação) dos custos fixos e variáveis baseados na capacidade operacional normal.

O valor líquido de realização é o preço de venda estimado em condições normais de mercado, deduzido dos gastos para colocação dos produtos em condições de venda e realização da venda.

Estoques são baixados dependendo de caso a caso, quando o valor líquido de realização antecipado se torna menor que o valor contábil dos estoques. O cálculo do valor líquido de realização leva em consideração as características específicas de cada categoria de estoque, tais como data de validade, vida útil, indicadores de movimentação, entre outros.

Ativos mantidos para venda

A Companhia classifica como mantido para venda quando o valor residual de determinado ativo não corrente será recuperado pela venda ao invés da utilização normal nas operações. Imediatamente após a classificação como mantido para venda, esses ativos são mensurados com base no menor entre seu valor contábil e seu valor justo menos os custos de venda. Eventual perda por redução ao valor de recuperação é reconhecida no resultado do exercício, assim como ganhos ou perdas subsequentes pela sua remensuração, até o limite do valor contábil original. Os ativos classificados como mantidos para venda não são depreciados ou amortizados.

Investimentos - Controladora

Reporta a movimentação dos investimentos mantidos pela controladora em controladas, coligadas e empreendimentos controlados em conjunto (*joint ventures*). Esses investimentos, nas demonstrações contábeis individuais, são avaliados pelo método da equivalência patrimonial e as práticas contábeis adotadas são uniformes àquelas adotadas pela Companhia.

Imobilizado

O imobilizado é demonstrado pelo custo menos a depreciação acumulada e as perdas por redução ao valor de recuperação. O custo abrange o preço de aquisição, os juros incorridos no financiamento durante a fase de construção, e todos os outros custos diretamente relacionados ao transporte do ativo imobilizado até o local e sua colocação em condições de operação na forma pretendida pela Administração da Companhia (por exemplo, impostos não recuperáveis, frete, custos de desmonte e retirada dos equipamentos e restauração do local em que se encontram, caso incorridos). O custo do imobilizado construído internamente é apurado conforme os mesmos princípios aplicáveis ao imobilizado adquirido de terceiros. Os métodos de depreciação, valor residual, bem como as vidas úteis são reavaliados e ajustados, se apropriado, anualmente.

A Companhia reconhece no valor contábil do imobilizado o gasto da substituição de um componente, se for provável que os benefícios econômicos futuros nele incorporados fluirão para a Companhia, e o custo do componente puder ser apurado de forma confiável. Todos os demais gastos são lançados à conta de despesa quando incorridos.

O montante depreciável é o custo de um ativo menos o seu valor residual. Os valores residuais, se não insignificantes, são reavaliados anualmente. A depreciação dos itens inicia-se a partir do momento que os ativos estão instalados e prontos para uso, utilizando-se o método linear ao longo da vida útil estimada dos bens.

As vidas úteis das principais classes de ativo imobilizado estão descritas abaixo:

Edifícios = 25 anos
Máquinas e equipamentos = 15 anos
Instalações = 10 anos
Utensílios = 10 anos
Bens de uso externo = 2 a 5 anos

As vidas úteis e os valores residuais dos ativos são revisados periodicamente. A Administração aplica julgamentos na avaliação e determinação das vidas úteis dos ativos.

Terrenos não são depreciados visto que são considerados como de vida útil indefinida.

Os ganhos e as perdas de alienações são determinados pela comparação dos resultados com o seu valor contábil e são reconhecidos em "Outras receitas (despesas) operacionais" na demonstração do resultado.

Intangível

Pesquisa e desenvolvimento

Gastos com atividades de pesquisa, realizadas com a perspectiva de obter novos entendimentos e conhecimentos técnicos ou científicos, são reconhecidos na demonstração do resultado como despesas, conforme incorridos.

Gastos com atividades de desenvolvimento, em que os resultados da pesquisa são aplicados a um projeto para a produção de novos produtos e processos, ou aprimoramento substancial dos mesmos, são capitalizados se o produto ou processo forem técnica e comercialmente viáveis, os benefícios econômicos futuros forem prováveis e se a Companhia tiver recursos suficientes para concluir o desenvolvimento. Aos gastos capitalizados incluem-se o custo de materiais e mão de obra direta. Outros gastos de desenvolvimento são reconhecidos na demonstração do resultado como despesa, conforme incorridos. Gastos de desenvolvimento capitalizados são mensurados pelo custo menos a amortização acumulada e perdas por redução ao valor de recuperação.

Direitos de fornecimento e distribuição

Um direito de fornecimento é o direito da Companhia de fornecer a um cliente e o compromisso do cliente de comprar da Companhia. Um direito de distribuição é o direito de vender produtos específicos em um determinado território. Relacionamentos com clientes adquiridos em uma combinação de negócios são reconhecidos inicialmente pelo seu valor justo como direitos de fornecimento, na medida em que surgem de direitos contratuais. Se os critérios de reconhecimento previstos nos IFRS/CPCs não forem cumpridos, essas relações são incluídas no ágio. Direitos de distribuição adquiridos são mensurados inicialmente pelo custo ou valor justo quando obtido através de uma combinação de negócios. Amortização relativa aos direitos de fornecimento e distribuição está incluída em despesas com vendas e marketing.

Marcas

Caso parte do valor pago em uma combinação de negócios relacione-se a marcas, elas são reconhecidas em uma conta específica do grupo de Intangíveis e mensuradas pelo seu valor justo na data da aquisição. Posteriormente, o valor das marcas pode sofrer redução no caso de perdas por *impairment*. Gastos incorridos internamente para desenvolvimento de uma marca são reconhecidos como despesa.

Software

O *software* adquirido é mensurado pelo custo de aquisição menos a amortização acumulada. Gastos com *software* desenvolvido internamente são capitalizados quando os gastos se qualificam como atividades de desenvolvimento, caso contrário, são reconhecidos na demonstração do resultado conforme incorridos. A amortização relacionada a *softwares* está incluída no custo das vendas, despesas de distribuição, vendas e despesas de marketing ou despesas administrativas, dependendo da atividade à qual o *software* está relacionado.

Outros intangíveis

Outros intangíveis, adquiridos pela Companhia, são mensurados pelo custo de aquisição menos a amortização acumulada e eventuais perdas no valor de recuperação. Outros intangíveis também incluem direitos de patrocínios de vários anos, adquiridos pela Companhia. Estes são inicialmente reconhecidos pelo valor presente dos pagamentos futuros, e subsequentemente mensurados pelo custo menos a amortização acumulada e eventuais perdas no valor de recuperação.

Amortização

Intangíveis com vida útil definida são amortizados de acordo com o método linear pelo período de sua vida útil estimada. Licenças e direitos de fornecimento e distribuição são amortizados pelo período em que existem os direitos. Marcas são consideradas intangíveis de vida útil indefinida e, portanto, não são amortizadas. *Softwares* e custos de desenvolvimento capitalizados relacionados a tecnologia são amortizados ao longo de 3 a 5 anos. Itens que não são amortizados são testados para fins de redução ao valor de recuperação anualmente.

Ágio

O ágio surge na aquisição de controladas, coligadas e negócios em conjunto.

O ágio é determinado como sendo o excesso: (i) da contraprestação transferida; (ii) do montante de quaisquer participações de não controladores na adquirida (quando aplicável); e (iii) do valor justo, na data de aquisição, de qualquer participação patrimonial anterior na adquirida, sobre o valor justo dos ativos líquidos adquiridos, na respectiva data de aquisição. Todas as combinações de negócios são contabilizadas pela aplicação do método de alocação contábil do custo do investimento.

Em conformidade com o IFRS 3 – *Combinações de Negócios*, o ágio é contabilizado pelo custo e não é amortizado, mas sim testado no mínimo anualmente para fins de redução ao valor de recuperação, ou sempre que houver indícios de redução ao valor de recuperação da unidade geradora de caixa à qual ele foi alocado. Perdas por *impairment* reconhecidas sobre ágio não são revertidas. Os ganhos e as perdas da alienação de uma entidade incluem o valor contábil do ágio relacionado com a entidade vendida.

O ágio é expresso na moeda da controlada ou operação em conjunto (*joint operation*) a que se refere e convertido em reais pela taxa de câmbio vigente no final do exercício. Com respeito às coligadas e empreendimentos controlados em conjunto (*joint ventures*), o valor contábil do ágio é incluído no valor contábil da participação na coligada e/ou empreendimento controlado em conjunto (*joint venture*). Se a participação da Companhia no valor justo líquido dos ativos, passivos e passivos contingentes reconhecidos exceder o custo da combinação de negócios, tal excesso é reconhecido imediatamente na demonstração do resultado.

Gastos com ágio gerado internamente são contabilizados como despesa, conforme incorridos.

Redução ao valor de recuperação (*impairment*) de ativos não financeiros

Os valores contábeis dos ativos não financeiros como imobilizado, ágio e ativo intangível são revisados a cada fechamento para avaliar se existem indicativos de redução ao valor de recuperação. Se existir algum indicativo, o valor de recuperação do ativo é estimado.

O ágio, os intangíveis ainda não disponíveis para o uso e os intangíveis de vida útil indefinida são testados para fins de redução ao valor de recuperação no mínimo anualmente no nível da unidade de negócios (que é um nível abaixo do segmento reportado), ou sempre que tiverem indicativos de redução do valor recuperável.

Uma perda de redução ao valor de recuperação é reconhecida sempre que o valor contábil de um ativo ou unidade geradora de caixa excede seu valor de recuperação. Perdas de redução ao valor de recuperação são reconhecidas no resultado do exercício.

O valor de recuperação de intangíveis com vida útil indefinida baseia-se primeiramente em um critério de valor justo, pelo qual se aplicam múltiplos que refletem transações de mercado atuais a indicadores que determinam a rentabilidade do ativo ou ao fluxo de *royalties* que poderia ser obtido com o licenciamento do ativo intangível a terceiros, em condições normais de mercado.

O valor de recuperação dos demais ativos é apurado como sendo o maior entre o seu valor justo menos os custos de venda, e o seu valor em uso. No caso de ativos que não geram fluxos de caixa individuais significativos, o montante recuperável é determinado para a unidade geradora de caixa à qual pertence o ativo. O valor recuperável das unidades geradoras de caixa às quais o ágio e os ativos intangíveis com vida útil indefinida pertencem é baseado nos fluxos de caixa futuros descontados utilizando uma taxa de desconto que reflete as avaliações correntes de mercado do valor do dinheiro no tempo e os riscos específicos do ativo. Esses cálculos são corroborados por múltiplos de avaliação, preços de ações cotados para subsidiárias de capital aberto ou outros indicadores de valor justo disponíveis.

Ao mensurar seu valor em uso, os fluxos de caixa futuros estimados são descontados a valor presente utilizando uma taxa de desconto antes dos impostos que reflita avaliações de mercado atuais do valor do dinheiro no tempo e os riscos específicos do ativo.

Os ativos não financeiros, exceto o ágio, são revisados para possível reversão do *impairment* na data de apresentação. A perda por redução ao valor de recuperação é revertida somente até a extensão em que o valor contábil do ativo não exceda o valor contábil que seria determinado, líquido de depreciação ou amortização, caso nenhuma perda por redução ao valor de recuperação tivesse sido reconhecida.

Ajuste a valor presente de ativos e passivos

Os ativos e passivos monetários de longo prazo são usualmente atualizados monetariamente e, portanto, estão ajustados pelo seu valor presente. O ajuste a valor presente de ativos e passivos monetários de curto prazo é calculado, e somente registrado, se considerado relevante em relação às demonstrações contábeis tomadas em conjunto. Para fins de registro e determinação de relevância, o ajuste a valor presente é calculado levando em consideração os fluxos de caixa contratuais e a taxa de juros aplicável, dos respectivos ativos e passivos.

Mensalmente, considerando-se o valor da contraprestação, o período até o vencimento, a taxa do contrato de financiamento, a taxa de desconto acima mencionada, a redução no valor do ajuste a valor presente é alocada no resultado financeiro, de tal forma que na data prevista de liquidação de cada contraprestação tal ajuste monte a zero.

Contabilização de arrendamentos financeiro e operacional

Arrendamentos de imobilizado nos quais a Companhia assume substancialmente os riscos e os benefícios do bem são classificados como arrendamentos financeiros. Nos arrendamentos financeiros são reconhecidos um ativo e um passivo (empréstimos e financiamentos) por montantes iguais ao menor entre o valor justo da propriedade arrendada e o valor presente das contraprestações do arrendamento no momento inicial. A depreciação e o teste de redução ao valor de recuperação para ativos arrendados depreciáveis são os mesmos utilizados para ativos depreciáveis próprios. Pagamentos do contrato de arrendamento são distribuídos entre o passivo em aberto e encargos financeiros para que seja obtida uma taxa de juros constante e periódica sobre o valor remanescente da dívida.

Arrendamentos de ativos nos quais os riscos e os benefícios do bem são retidos substancialmente pelo arrendador são classificados como arrendamento operacional. Pagamentos de arrendamentos operacionais são reconhecidos no resultado em uma base linear até o encerramento do contrato. Quando um arrendamento operacional é encerrado antes da data de vencimento, qualquer pagamento a ser feito ao arrendatário a título de multa é reconhecido como uma despesa no período em que o contrato é encerrado.

Contas a pagar

Contas a pagar a fornecedores e outras contas a pagar são reconhecidas, inicialmente, pelo seu valor justo e, subsequentemente, pelo custo amortizado, usando o método da taxa efetiva de juros.

Empréstimos e financiamentos

Empréstimos e financiamentos são reconhecidos inicialmente pelo seu valor justo, deduzidos dos custos da transação. Subsequentemente ao reconhecimento inicial, empréstimos e financiamentos são mensurados pelo custo amortizado, sendo qualquer diferença entre o valor inicial e o valor do vencimento reconhecido no resultado do exercício, durante a vida esperada do instrumento, com base no método da taxa efetiva de juros.

Os custos de empréstimos que são diretamente atribuíveis à aquisição, construção ou produção de um ativo qualificável, que é um ativo que, necessariamente, demanda um período de tempo substancial para ficar pronto para seu uso ou venda pretendidos, são capitalizados como parte do custo do ativo quando for provável que eles resultem em benefícios econômicos futuros para a Companhia e que tais custos possam ser mensurados com confiança. Demais custos de empréstimos são reconhecidos como despesa no período em que são incorridos.

Provisões

Provisões são reconhecidas quando: (i) a Companhia tem uma obrigação presente (legal ou não formalizada) resultante de eventos passados; (ii) é provável que haja um desembolso futuro para liquidar uma obrigação presente; e (iii) o valor pode ser estimado com razoável segurança.

As provisões são mensuradas descontando-se os fluxos de caixa futuros esperados, a uma taxa antes dos impostos, que reflita as avaliações atuais de mercado sobre o valor do dinheiro no tempo, e quando apropriado, os riscos específicos da obrigação.

Reestruturação: Uma provisão para reestruturação é reconhecida quando a Companhia possui um plano detalhado e aprovado de reestruturação e quando a reestruturação já foi iniciada ou anunciada. Gastos relacionados às atividades normais e à conduta futura da Companhia não são provisionados, mas reconhecidos quando incorrida uma despesa. A provisão inclui os compromissos relacionados aos benefícios que serão pagos pela Companhia aos funcionários desligados na reestruturação.

Contratos onerosos: Uma provisão para contratos onerosos é reconhecida quando os benefícios esperados pela Companhia a partir de um contrato forem menores do que o custo inevitável do cumprimento das suas obrigações decorrentes do contrato. Tal provisão é mensurada pelo menor valor presente entre o do custo esperado de rescisão do contrato, e o do custo líquido esperado ao dar continuidade ao contrato.

Disputas e litígios: A provisão para disputas e litígios é reconhecida quando é mais provável do que improvável que a Companhia será obrigada a fazer pagamentos futuros, como resultado de eventos passados. Tais pagamentos incluem, mas não estão limitados a, várias reivindicações, processos e ações iniciados tanto por terceiros quanto pela Companhia, relativos às leis antitruste, violação dos acordos de distribuição e licenciamentos, questões ambientais, disputas trabalhistas, reclamações de autoridades fiscais e outros assuntos contenciosos.

Imposto de renda e contribuição social

O imposto de renda e a contribuição social do exercício compreendem o imposto corrente e diferido. O imposto de renda e contribuição social são reconhecidos no resultado do exercício, a não ser que estejam relacionados a itens reconhecidos diretamente no resultado abrangente ou outra conta do patrimônio líquido. Nestes casos o efeito fiscal também é reconhecido diretamente no resultado abrangente ou em conta do patrimônio líquido (exceto juros sobre capital próprio). Os juros sobre o capital próprio são registrados como despesas no resultado do exercício para fins de apuração do imposto de renda e contribuição social, quando declarado, e posteriormente reclassificado para o patrimônio líquido para fins de apresentação nessas demonstrações contábeis.

A despesa com imposto corrente é a expectativa de pagamento sobre o lucro tributável do ano, utilizando a taxa nominal aprovada ou substancialmente aprovada na data do balanço patrimonial, e qualquer ajuste de imposto a pagar relacionado a exercícios anteriores.

O imposto diferido é reconhecido utilizando o método do balanço patrimonial. Isto significa que, para as diferenças tributáveis e dedutíveis de natureza temporária entre as bases fiscais e contábeis de ativos e passivos, é reconhecido o imposto diferido ativo ou passivo. De acordo com esse método, a provisão para o imposto diferido é também calculada sobre as diferenças entre o valor justo de ativos e passivos adquiridos em uma combinação de negócios e sua base fiscal. O IAS 12/CPC 32 - *Tributos Sobre o Lucro* prevê que nenhum imposto diferido passivo seja reconhecido no reconhecimento do ágio; e que nenhum imposto diferido ativo e/ou passivo seja reconhecido (i) no reconhecimento inicial de um ativo ou passivo proveniente de uma transação que não a de combinação de negócios, que no momento da transação não afete o lucro ou prejuízo contábil ou fiscal; e (ii) sobre diferenças relacionadas a investimentos em ações de controladas, desde que não sejam revertidos no futuro previsível. O valor do imposto diferido determinado é baseado na expectativa de realização ou liquidação da diferença temporária e utiliza a taxa nominal aprovada ou substancialmente aprovada.

Os impostos diferidos ativos e passivos são compensados se existir um direito legal de compensar os passivos fiscais correntes e ativos, e se estiverem relacionados aos impostos lançados pela mesma autoridade fiscal sobre a mesma entidade tributável, ou em diferentes entidades tributáveis que pretendam ou liquidar passivos fiscais correntes e ativos em uma base líquida, ou realizar o ativo e liquidar o passivo simultaneamente.

O imposto diferido ativo é reconhecido somente na extensão em que é provável que haja lucros tributáveis futuros. O imposto de renda diferido ativo é reduzido na extensão em que não mais seja provável a ocorrência de lucros tributáveis futuros.

Benefícios a funcionários

Benefícios pós-emprego

Benefícios pós-emprego incluem benefícios de aposentadoria administrados, no Brasil, pelo Instituto Ambev de Previdência Privada - IAPP, e de assistência médica e odontológica administrados pela Fundação Zerrenner.

Os planos de pensão normalmente são mantidos por pagamentos feitos tanto pela Companhia quanto pelos funcionários, considerando as recomendações dos atuários independentes. Os planos de assistência médica e odontológica são mantidos pelos rendimentos dos ativos da Fundação, podendo a Companhia contribuir com parte de seu lucro para a Fundação em caso de necessidade.

A Companhia possui planos de aposentadoria de contribuição definida e de benefício definido para funcionários do Brasil e de subsidiárias localizadas na República Dominicana, Argentina, Bolívia e no Canadá.

A Companhia possui planos de aposentadoria superavitários e deficitários.

Outras obrigações pós-emprego

A Companhia e suas subsidiárias patrocinam benefícios de assistência médica, reembolso de gastos com medicamentos e outros benefícios, por intermédio da Fundação Zerrenner, para alguns aposentados do passado, não sendo concedidos tais benefícios para novas aposentadorias. Os custos esperados desses benefícios são reconhecidos durante o período de emprego utilizando-se uma metodologia similar à do plano de benefício definido, inclusive os ganhos e perdas atuariais.

Benefícios de rescisão

Benefícios de rescisão são reconhecidos como despesa na primeira das seguintes datas: (i) quando a Companhia está comprometida com um plano formal detalhado de terminar o vínculo empregatício antes da data normal de aposentadoria, sem possibilidade real de retirá-lo; e (ii) quando a Companhia reconhecer custos de reestruturação. Benefícios de rescisão de demissões voluntárias são reconhecidos se a Companhia tiver feito uma oferta incentivando a demissão voluntária, for provável que a oferta será aceita, e o número de aceitações puder ser estimado com segurança.

Bônus

Bônus concedidos a funcionários e administradores são baseados no atingimento de metas individuais e coletivas, predefinidas. O valor estimado do bônus é reconhecido como despesa no período de sua competência. O bônus pago em ações é tratado como pagamento baseado em ações.

Pagamento baseado em ações

Diferentes programas de remuneração com base em ações e opções permitem que membros da Administração e outros executivos indicados pelo Conselho de Administração adquiram ações da Companhia. A Companhia adotou o IFRS 2/CPC 10 – Pagamento baseado em ações para todos os programas outorgados após 7 de novembro de 2002, que não estavam encerrados em 1º de janeiro de 2007. O valor justo das opções de ações é mensurado na data da outorga usando o modelo de precificação de opção mais apropriado. Baseado no número esperado de opções que serão exercidas, o valor justo das opções outorgadas é reconhecido como despesa durante o período de carência da opção com contrapartida no patrimônio líquido. Quando as opções são exercidas, o patrimônio líquido aumenta pelo montante dos proventos recebidos.

Patrimônio líquido

Capital social: O capital da Companhia é composto apenas por ações ordinárias.

Recompra de ações: Quando a Companhia compra de volta suas próprias ações, o montante da consideração paga, incluindo os custos diretamente atribuíveis, é reconhecido como uma dedução do patrimônio líquido, na rubrica de ações em tesouraria.

Custos com emissão de ações: Os custos incrementais diretamente atribuíveis à emissão de novas ações ou opções são demonstrados no patrimônio líquido como uma dedução do valor captado, líquida de impostos.

Dividendos e Juros sobre capital próprio: Dividendos e juros sobre capital próprio são registrados no passivo no período em que eles forem declarados, com exceção da parcela referente aos dividendos mínimos obrigatórios, a qual é contabilizada ao final de cada exercício fiscal findo em 31 de dezembro, na forma da legislação aplicável. Quando declarada, a despesa relacionada aos juros sobre o capital próprio é registrada no resultado do exercício para fins de apuração do imposto de renda e contribuição social, e posteriormente reclassificada para o patrimônio líquido para fins de apresentação nessas demonstrações contábeis.

Com base no Balanço Patrimonial Consolidado que foi publicado pela Ambev S.A., você deve responder às seguintes perguntas:

1) Qual o valor do **capital próprio** da empresa nos anos de 2013, 2012 e 2011.

2) Qual o valor do **capital de terceiros** da empresa nos anos de 2013, 2012 e 2011.

3) Qual o valor da **variação do capital circulante líquido** nos anos de 2013 e 2012.

4) O Balanço Patrimonial Consolidado apresenta um grupo denominado Ágio. O que significa esse valor tão expressivo no ativo consolidado da empresa? Como esse grupo denominado Ágio pode influenciar sua análise da Ambev S.A.?

5) Por fim, mencione de modo livre os pontos que você considera mais relevantes sobre a **Situação Patrimonial** da Ambev S.A.

Capítulo 4

DEMONSTRAÇÃO DO RESULTADO

OBJETIVOS DO CAPÍTULO

- Avançar nos estudos sobre a Demonstração do Resultado.
- Demonstrar a relação entre estoques, custos e resultado com mercadorias.
- Explicar alguns conceitos relacionados com o resultado: EBITDA e EBIT.

4.1 Introdução

De modo bastante introdutório, podemos entender o resultado apurado pela contabilidade como o confronto das receitas de vendas com os custos dos produtos e serviços que são vendidos, deduzindo também as despesas e eventuais perdas. As receitas, custos, despesas e perdas precisam ser contabilizadas seguindo o princípio da competência. Essa explicação inicial está sintetizada na Figura 4.1 a seguir:

(+) Receitas de vendas
(–) Custos dos produtos/serviços vendidos
(–) Despesas
(–) Perdas
(=) ***Resultado* (Lucro ou Prejuízo)***

*Resultado apurado de acordo com o **Princípio de competência**

Figura 4.1 Apuração do resultado de modo simplificado.

Sendo assim, um fator determinante para compreender o resultado apurado por uma empresa em determinado período é o **princípio da competência.** Dentro desse contexto, as receitas e as despesas devem ser incluídas na apuração do resultado do período em que ocorrerem, sempre simultaneamente quando se correlacionarem, independentemente de recebimento ou pagamento.

É muito comum identificarmos dificuldades por parte de profissionais não contadores para compreenderem inicialmente o princípio da competência, devido ao hábito arraigado de somente considerar a existência de uma operação que afeta o resultado da empresa quando ocorre uma efetiva movimentação de caixa.

Daí a grande importância de compreender este princípio da competência, pois ao se considerar o fato gerador da receita ou da despesa, independentemente de seu recebimento ou pagamento, estamos reconhecendo todos os fatos que estejam afetando o efetivo resultado ou desempenho empresarial no momento em que eles ocorrem e não somente quando existe uma movimentação de caixa.

Vejamos alguns exemplos.

DESPESAS

Salários – Diversos profissionais prestaram serviços a uma determinada empresa durante o mês de dezembro de 2013, no valor total de R$ 200.000,00, e somente receberão seus salários no dia 5 de janeiro de 2014. Quando deve ser reconhecida essa despesa de salários pela empresa, em 2013 ou 2014?

Comentários: Se adotássemos o regime de caixa, ou seja, somente reconhecendo a despesa quando de seu pagamento efetivo em 2014, estaríamos omitindo informações importantes no Balanço e Demonstração de Resultado do ano de 2013, já que o resultado de 2013 estaria superavaliado em R$ 200.000,00, pois o fato gerador desta despesa, que foi a prestação de serviços pelos profissionais da empresa, ocorreu em dezembro de 2013. Além disso, estaríamos informando um valor menor para o Passivo e um valor maior para o Patrimônio Líquido. Assim, o procedimento correto para apurarmos o resultado desta empresa é reconhecer uma despesa de R$ 200.000,00 em dezembro/2013, tendo como contrapartida um registro no passivo (salários a pagar) no mesmo montante. Em janeiro/2014 esse passivo será efetivamente pago, sendo baixado contra o caixa da empresa.

Seguros – Suponha que uma empresa tenha pago um prêmio de seguro a uma seguradora no valor de R$ 120.000,00 em 30 de junho de 2014, para cobrir o seguro de incêndio durante um ano. Quando registrar as despesas de seguro?

Comentários: Pelo regime de caixa reconheceríamos as despesas de seguro no montante de R$ 120.000,00 quando de seu pagamento em junho de 2014, e este valor iria afetar o Resultado do ano de 2014. Adotando-se o princípio da competência teremos que considerar os registros de forma distinta, separando as parcelas de seguros referentes aos dois períodos, de julho até dezembro de 2014 e de janeiro até junho de 2015, já que a apólice cobre o período de um ano. Como se pode perceber, ao utilizarmos o princípio da competência estamos considerando o fato gerador da despesa de seguro referente à cobertura contratada que é relativa a um ano – seis meses de 2014 e seis meses de 2015. Quando do efetivo pagamento em 30/06/2014 ainda não havia ocorrido o fato gerador que somente ocorrerá no futuro, em decorrência da passagem do tempo previsto no contrato de seguro. Desta forma não devemos reconhecer despesa que ainda não ocorreu e sim o pagamento antecipado efetuado à companhia de seguros, que lhe dará um direito (ativo). Assim, no Balanço de 31/12/2014 deve aparecer uma conta de Ativo "Seguro Pago Antecipadamente", com o valor de R$ 60.000,00 que representa a parcela ainda não expirada do seguro contratado. Neste exemplo, o procedimento correto do ponto de vista do resultado é efetuar, então, os registros de despesas de forma mensal (R$ 10.000,00 por mês), à medida que o seguro fosse vencendo. Logo, a demonstração de resultado do ano de 2014 deve reportar uma despesa com seguros no valor de R$ 60.000,00 e não de R$ 120.000,00.

Material de Escritório – Supondo que uma determinada empresa tenha adquirido de um fornecedor uma grande quantidade de material para o escritório no montante de R$ 30.000,00 no dia 02/10/2012, para ser pago em 02/01/2013, em 31/12/2012, ao efetuar a contagem física (inventário) dos bens existentes ao final do exercício, constatou a existência de um saldo de material de escritório de R$ 10.000,00 que ainda não havia sido consumido. Como proceder nesse caso?

Comentários: Se a empresa adotasse o regime de caixa, nenhum registro teria sido efetuado em 2012, já que a movimentação de caixa somente iria ocorrer em janeiro de 2013. Isso afetaria tanto o resultado quanto o Balanço, pois não seriam registradas as despesas de 2012 no valor de R$ 20.000,00, o ativo (estoque de material de escritório) de R$10.00,00 existente em 31/12/2012 e o passivo de R$ 30.000,00 com o fornecedor do material.

RECEITAS

Prestação de Serviços – A empresa de consultoria JSG firmou um contrato de prestação de serviço com um cliente X, em 03/11/2010, no valor total de R$ 240.000,00, tendo recebido 50% de sinal e o restante a ser pago na conclusão dos trabalhos, previsto para o final do mês de fevereiro/2011. Em 31/12/2010, os sócios da JSG, ao examinarem o andamento dos contratos, constataram que já haviam executado 30% dos serviços ao cliente X. Como devem ser registradas essas operações em 2010?

Comentários: Se a JSG somente reconhecesse suas receitas com base em caixa, as receitas relativas a 2010 seriam da ordem de R$ 120.000,00, ficando o saldo para ser reconhecido somente quando do recebimento, em fevereiro de 2011. Assim, a JSG estaria antecipando receitas e apresentando um Patrimônio Líquido maior do que deveria, pois a empresa não poderia antecipar o reconhecimento de receitas cujos serviços ainda não tenham sido prestados. Como a empresa de consultoria está recebendo um sinal de R$ 120.000,00 do cliente, ela assume o compromisso de prestar o serviço no futuro, desta forma ela tem, obrigatoriamente, de registrar este passivo. À medida que ela vai cumprindo as diversas etapas do contrato, passa a ter o direito de reconhecer a receita, reduzindo, assim, parte da sua obrigação. Portanto, os registros contábeis a serem efetuados deveriam observar o percentual de serviço executado, sendo os resultados reconhecidos conforme a prestação dos serviços contratados. Logo, os registros contábeis dessa transação no ano de 2010 devem refletir o seguinte:

Em 03/11/2010: aumento de caixa no valor de R$ 120.000,00, em contrapartida de um passivo denominado adiantamento de clientes (no mesmo valor).

Até 31/12/2010: reconhecimento de receita pela prestação de 30% dos serviços contratados, o que vai impactar o resultado de 2010 em R$ 72.000,00 (30% x R$ 240.000,00) e a contrapartida desta receita será a redução da conta de passivo (adiantamento de clientes) de R$ 120.000,00 para R$ 48.000,00.

Receita de Aluguel – Vejamos o caso de uma empresa que aluga imóveis para terceiros e que, no início do mês de janeiro de 2014, ao analisar os contratos relativos ao mês de dezembro de 2013, verifica que diversos clientes não haviam efetuado o pagamento do aluguel no total de R$ 50.000,00. Qual o procedimento nesse caso?

Comentários: No presente caso temos o reconhecimento da receita relacionada ao uso de um bem da empresa por parte de terceiros, em decorrência da expiração do tempo de utilização. Sendo assim, a receita de aluguel tem que ser reconhecida e registrada independentemente de não ter sido efetivado o pagamento, pois trata-se de receita relativa ao exercício de 2013.

Como se pode depreender de todos esses exemplos apresentados, a adoção do princípio de competência, além de propiciar uma melhor apuração do resultado de uma empresa, também possibilita uma melhor avaliação do patrimônio, traduzindo-se em um efetivo instrumento de planejamento e controle por obrigar os gestores a realizarem análises, conferências e ajustes que irão possibilitar um maior conhecimento sobre o seu negócio.

4.2 A Estrutura da Demonstração do Resultado

Vamos agora tentar explicar a demonstração do resultado a partir de uma visão mais estruturada, alinhada com as normas para elaboração e apresentação das demonstrações contábeis estabelecidas tanto pela legislação societária brasileira (Lei das S/A) quanto pelo Comitê de Pronunciamentos Contábeis – CPC.

O art. 187 da legislação societária brasileira (Lei das S/A) estabelece que a demonstração do resultado do exercício discriminará:

I – a receita bruta das vendas e serviços, as deduções das vendas, os abatimentos e os impostos;

II – a receita líquida das vendas e serviços, o custo das mercadorias e serviços vendidos e o lucro bruto;

III – as despesas com as vendas, as despesas financeiras, deduzidas das receitas, as despesas gerais e administrativas, e outras despesas operacionais;

IV – o lucro ou prejuízo operacional, as outras receitas e as outras despesas;

V – o resultado do exercício antes do Imposto sobre a Renda e a provisão para o imposto;

VI – as participações de debêntures, empregados, administradores e partes beneficiárias, mesmo na forma de instrumentos financeiros, e de instituições ou fundos de assistência ou previdência de empregados, que não se caracterizem como despesa;

VII – o lucro ou prejuízo líquido do exercício e o seu montante por ação do capital social.

§ 1º Na determinação do resultado do exercício serão computados:

a) as receitas e os rendimentos ganhos no período, independentemente da sua realização em moeda; e

b) os custos, despesas, encargos e perdas, pagos ou incorridos, correspondentes a essas receitas e rendimentos.

Já do ponto de vista do Comitê de Pronunciamentos Contábeis, no CPC 26, item 82, ficou estabelecido que a demonstração do resultado do período deve, no mínimo, incluir as seguintes rubricas, obedecidas também as determinações legais:

a) receitas;

b) custo dos produtos, das mercadorias ou dos serviços vendidos;

c) lucro bruto;

d) despesas com vendas, gerais, administrativas e outras despesas e receitas operacionais;

e) parcela dos resultados de empresas investidas, reconhecida por meio do método de equivalência patrimonial;

f) resultado antes das receitas e despesas financeiras;

g) despesas e receitas financeiras;

h) resultado antes dos tributos sobre o lucro;

i) despesa com tributos sobre o lucro;

j) resultado líquido das operações continuadas;

k) valor líquido dos seguintes itens:

   i) resultado líquido após tributos das operações descontinuadas;

   ii) resultado após os tributos, decorrente da mensuração ao valor justo menos despesas de venda ou na baixa dos ativos ou do grupo de ativos à disposição para venda que constituem a unidade operacional descontinuada.

l) resultado líquido do período.

Sendo assim, ao levar em consideração a legislação societária brasileira (Lei das S/A), bem como a norma específica do Comitê de Pronunciamentos Contábeis (CPC 26), podemos exemplificar a demonstração do resultado a partir de uma visão mais estruturada conforme a Figura 4.2, apresentada a seguir:

DEMONSTRAÇÃO DO RESULTADO

(+) RECEITA BRUTA DE VENDAS
(–) Deduções e impostos sobre vendas
(=) RECEITA LÍQUIDA
(–) Custo dos produtos/serviços vendidos
(=) LUCRO BRUTO
(–) Despesas de vendas
(–) Despesas administrativas
(±) Receitas/despesas financeiras líquidas
(±) Outras receitas/despesas
(=) LUCRO ANTES DO IMPOSTO DE RENDA E CONTRIBUIÇÃO SOCIAL
(–) Provisão para IR e CSL
(=) LUCRO LÍQUIDO ANTES DAS PARTICIPAÇÕES E CONTRIBUIÇÕES
(–) Participações e Contribuições

Figura 4.2 Visão estruturada da Demonstração do Resultado.

Dado que o lucro do período, composto por todas as receitas, despesas, ganhos e perdas ocorridos no exercício, é reportado na **Demonstração do Resultado do Exercício (DRE)**, pode-se concluir que essa demonstração contábil é uma das mais importantes para analisar o desempenho ou *performance* da empresa em determinado período.

Contudo, a demonstração do resultado também precisa ser analisada dentro da dinâmica do balanço patrimonial, pois o lucro líquido do exercício é o resultado que deve ser transferido para o patrimônio líquido (Figura 4.3). Normalmente essa transferência é feita para a conta de "lucros ou prejuízos acumulados"[1].

[1] Conforme já explicado no Capítulo 3, se o saldo estiver positivo (lucros acumulados), na data referente à preparação do balanço, a empresa deverá destinar o referido saldo para reservas específicas ou também poderá distribuir na forma de dividendos. No entanto, em caso de saldo negativo (prejuízos acumulados), o valor poderá ser reportado como uma conta redutora do patrimônio líquido.

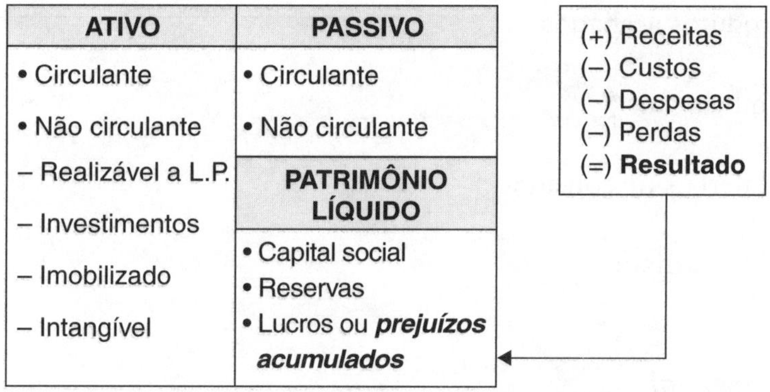

Figura 4.3 Balanço Patrimonial e a Demonstração do Resultado.

No caso de empresa S/A, os órgãos da administração da companhia deverão apresentar, à assembleia geral ordinária, proposta sobre a destinação a ser dada ao lucro líquido do exercício. Por exemplo, constituição de reservas específicas e definição da parcela do lucro que será distribuído na forma de dividendos.

4.3 Relação entre Estoque, Custo e Resultado

A gestão dos estoques em qualquer tipo de organização demanda uma série de considerações das mais diversas naturezas. Nesta parte abordaremos o estoque do ponto de vista da contabilidade empresarial, relacionando essa conta de ativo com o custo e o resultado com mercadorias, normalmente denominado como lucro bruto (ou margem bruta).

Os principais tipos de estoques encontrados nas empresas são:

Empresa Industrial

✓ Matéria-prima

✓ Produtos em elaboração

- ✓ Produtos acabados
- ✓ Embalagens
- ✓ Materiais de consumo
- ✓ Almoxarifado

Empresa Comercial

- ✓ Mercadorias
- ✓ Material de consumo
- ✓ Almoxarifado

O item II do art. 183 da legislação societária brasileira[2] (Lei das S/A) estabelece o seguinte sobre a **avaliação dos estoques**:

> *Os direitos que tiverem por objeto mercadorias e produtos do comércio da companhia assim como matérias-primas, produtos em fabricação e bens em almoxarifado, pelo custo de aquisição ou produção, deduzido de provisão para ajustá-lo ao valor de mercado, quando este for inferior.*

Como se pode perceber, o custo de aquisição ou produção é o critério que deve prevalecer na avaliação e registro de estoques. A obrigatoriedade de se constituir uma provisão para ajustar os estoques ao valor de mercado, quando este for inferior, decorre da prudência ou conservadorismo contábil, objetivando apresentar os estoques no balanço com os menores valores entre custo ou mercado.

[2] Lei n. 6.404, de 1976, Lei das Sociedades por Ações.

Exemplo: suponha que o estoque da companhia Beta havia sido registrado pelo custo de aquisição por R$ 100.000,00 e que na época de fechamento do Balanço fosse verificado que agora este estoque poderia ser adquirido por R$ 90.000,00.

No Balanço seria apresentado:

ATIVO CIRCULANTE	
ESTOQUES	100.000
(-) PROVISÃO PARA DESVALORIZAÇÃO DE ESTOQUES	10.000
ESTOQUES LÍQUIDOS	***90.000***

No exemplo anterior, a desvalorização dos estoques de R$ 10.000,00 também deve ser reconhecida como uma despesa do período. Isto é, a contrapartida da redução do estoque irá reduzir o resultado apurado no exercício.

Além dos problemas relativos à avaliação ainda temos que considerar outras dificuldades para identificar o valor correto dos estoques, já que os mesmos são adquiridos ou produzidos ao longo de todo o ano, normalmente com preços diferentes.

Se para uma empresa comercial que trabalha com mercadorias prontas para a venda já temos dificuldade em apurar de forma adequada os estoques, o que dizer da contabilização e controle de estoques em uma empresa industrial onde temos que lidar com diversos tipos de estoque e ainda os diversos aspectos relacionados aos custos de produção. Por fugir do escopo deste livro a discussão sobre Contabilidade de Custos, concentraremos a atenção em empresas comerciais.

Existem dois sistemas para se lidar com estoques e, assim, apurar o CUSTO DAS MERCADORIAS VENDIDAS (CMV). O sistema baseado no INVENTÁRIO PERIÓDICO e o sistema baseado no INVENTÁRIO PERMANENTE. No primeiro sistema não utilizamos fichas de controle do estoque. Portanto, não dispomos dos dados relativos à movimentação dos estoques durante o ano. No segundo sistema, toda a movimentação dos estoques é apurada através do controle em fichas de estoque, onde são anotadas todas as entradas e saídas de mercadorias e apurado o custo da mercadoria vendida.

No sistema periódico são utilizadas as contas de MERCADORIA (representando o estoque inicial e o estoque final), COMPRAS (preço de aquisição) e VENDAS (preço de venda), podendo-se visualizar a relação de algumas informações relevantes da contabilidade através das seguintes equações:

CMV = EI + COMPRAS – EF

VENDAS – CMV = RESULTADO COM MERCADORIAS

Este sistema apresenta o inconveniente de somente poder apurar o valor do estoque final de modo extracontábil, através de contagem física no final do período, e a conta de compras representa todas as entradas de mercadorias compradas durante o ano e não o montante do estoque.

Vejamos um exemplo: a empresa Família & Negócios, que utilizava o sistema de inventário periódico, apresentou no Balanço de 2008 um estoque de mercadorias de R$ 300.000,00. Durante o ano de 2009, efetuou compras no total de R$ 500.000,00 e realizou vendas no montante de R$ 1.200.000,00. No final de 2009, ao realizar o inventário de mercadorias, apurou um saldo de R$ 100.000,00. Qual o CMV e o resultado com mercadorias?

MERCADORIAS		COMPRAS	VENDAS
EI	300.000	500.000	1.200.000
EF	100.000		

CMV = EI + COMPRAS – EF
CMV = 300.000 + 500.000 – 100.000
CMV = 700.000

RESULTADO COM MERCADORIAS = VENDAS – CMV
RCM = 1.200.000 – 700.000
RCM = 500.000

Suponha que a empresa Família & Negócios tivesse incorrido em despesas de seguro no montante de R$ 25.000,00 e despesas de aluguel no valor de R$ 35.000,00. Assim, a DEMONSTRAÇÃO DO RESULTADO de 2009 seria:

VENDAS	1.200.000
(–) CMV	(700.000)
LUCRO BRUTO	***500.000***
DESPESAS DE SEGUROS	(25.000)
DESPESAS DE ALUGUEL	(35.000)
LUCRO LÍQUIDO ANTES DO IMPOSTO DE RENDA	**440.000**

Quando adotamos o sistema permanente temos que registrar as compras em uma conta de MERCADORIAS que será movimentada através das fichas de estoque que registram as entradas e saídas de mercadorias. Com este sistema teremos condições de apurar de forma contínua o CMV e o ESTOQUE existente, a cada transação.

Como todos os dados referentes à movimentação de mercadorias estarão disponíveis nas fichas de estoque, não há necessidade de se apurar o CMV a cada operação, podendo ser apurado mensalmente quando da confecção dos relatórios contábeis.

Outro ponto que deve merecer bastante atenção é o relativo à existência física das mercadorias. O fato de trabalharmos com fichas de estoque não deve ser considerado como garantia de que as mercadorias existem de fato. Assim, mesmo utilizando o sistema permanente devemos realizar o inventário físico para nos certificarmos da existência real dos estoques.

Uma das dificuldades em se atribuir preço aos inventários decorre de uma série de fatores que podem influenciar os preços de qualquer mercadoria, como, por exemplo: inflação, deflação, ganhos de escala etc. Desta forma as compras efetuadas durante o ano deverão apresentar preços diferentes, surgindo a seguinte questão: QUAL PREÇO DEVE SER UTILIZADO? O preço específico, o primeiro preço pago, o último ou o preço médio?

PREÇO ESPECÍFICO

Este critério somente deverá ser utilizado para produtos ou mercadorias cujas características permitam a identificação de cada unidade em estoque. Por exemplo: automóveis e obras de arte cuja especificidade não permita utilizar outros critérios e cada item vendido tenha um único preço.

PEPS, UEPS E MÉDIA PONDERADA MÓVEL

Quando a característica da mercadoria propicia alterações constantes nos preços em datas diversas não podemos utilizar o critério do preço específico, pois não teríamos como identificar de forma apropriada os preços de cada item vendido. Nestes casos temos que escolher o método que melhor reflita os preços das mercadorias.

Uma das formas seria imaginar que os itens são vendidos sequencialmente. Se adotássemos o PEPS – primeiro a entrar é o primeiro a sair (FIFO em inglês – *first-in-first-out*), estaríamos supondo que primeiro seriam vendidos os itens mais antigos e posteriormente os mais recentes. Ao adotarmos este critério teremos um CMV a preços de compra mais antigos e o estoque final a preços mais recentes. Ao contrário, se adotarmos o UEPS – último a entrar é o primeiro a sair (LIFO – *last-in-first-out*), apresentaríamos o CMV a preços mais recentes e o estoque final a preços mais antigos. Finalmente, poderíamos adotar um critério intermediário, baseado na MÉDIA PONDERADA MÓVEL[3] que apresentaria os preços em termos médios de cada compra realizada e se situaria entre o PEPS e o UEPS.

Vejamos um exemplo de utilização dos três métodos[4]:

---

[3] A média ponderada móvel se diferencia da média aritmética pelo fato de o valor médio de cada unidade em estoque se alterar com a compra de novas unidades a preços diferentes.

[4] Por simplificação não estamos incluindo neste exemplo os gastos com transporte e seguros que, embora não inclusos na nota fiscal de compra, devem fazer parte dos custos das mercadorias adquiridas. Estes e outros gastos necessários para colocar a mercadoria ou produto em condições de venda devem integrar os custos dos diversos itens que compõem o estoque.

A empresa Moda XD tinha R$ 300,00 em estoque no dia 30/01, que corresponde à quantidade de 20 camisas XD ao valor unitário de R$ 15,00. No dia 02/02 a empresa Moda XD comprou mais 10 camisas XD ao valor unitário de R$ 18,00. Logo, R$ 180,00 foi o valor total desta compra. Já no dia 05/02 a empresa Moda XD consegue vender 15 camisas XD pelo valor total de R$ 500,00.

A empresa pretende utilizar o sistema de inventário permanente. Contudo, ainda está em dúvida sobre o método que deve adotar: PEPS, UEPS ou MÉDIA PONDERADA MÓVEL. Com base nas informações disponibilizadas neste exemplo, vamos utilizar os três métodos em fichas de controle do estoque para calcular o valor dos seguintes itens:

- **CMV** = CUSTO DAS MERCADORIAS VENDIDAS
- **RCM** = RESULTADO COM MERCADORIAS
- **EF** = estoque final

FICHAS DE CONTROLE DE ESTOQUES
(Mercadoria: CAMISAS XD)

PEPS									
	ENTRADA			SAÍDA			SALDO		
Data	Quant.	Preço	Total	Quant.	Preço	Total	Quant.	Preço	Total
30/01							20	15,00	300,00
02/02	10	18,00	180,00				10	18,00	180,00
05/02				15	15,00	225,00	5	15,00	75,00
							10	18,00	180,00

VENDAS = 500,00
CMV = 225,00
RCM = 275,00
EF = 255,00

UEPS									
	ENTRADA			SAÍDA			SALDO		
Data	Quant.	Preço	Total	Quant.	Preço	Total	Quant.	Preço	Total
30/01							20	15,00	300,00
02/02	10	18,00	180,00				10	18,00	180,00
05/02				10	18,00	180,00			
				5	15,00	75,00	15	15,00	225,00

VENDAS = 500,00
CMV = 255,00
RCM = 245,00
EF = 225,00

MÉDIA PONDERADA MÓVEL									
	ENTRADA			SAÍDA			SALDO		
Data	Quant.	Preço	Total	Quant.	Preço	Total	Quant.	Preço	Total
30/01							20	15,00	300,00
02/02	10	18,00	180,00				30	16,00	480,00[5]
05/02				15	16,00	240,00	5	16,00	240,00

VENDAS = 500,00
CMV = 240,00
RCM = 260,00
EF = 240,00

Comparando-se os resultados obtidos com o emprego de métodos diferentes podemos perceber que o PEPS é o que apresenta o maior resultado e o maior valor para o estoque final. Isto decorre do fato de estarmos diante de um regime inflacionário com alta de preços de 20%. Como as mercadorias vendidas são

[5] O cálculo feito no dia 02/02 para se chegar no novo saldo de estoque foi:
1. (300,00 + 180,00) / 30 = 16,00 (preço unitário calculado com base na média ponderada móvel)
2. 16,00 × 30 = 480,00

realizadas aos preços mais antigos, o estoque final será apurado aos preços mais recentes, implicando assim em um lucro bruto (RCM) maior. Caso não houvesse variação de preço o resultado seria o mesmo para os três métodos e, no caso de queda de preços, o UEPS apresentaria o maior resultado.

No Brasil, o fisco não permite que seja utilizado o UEPS, aceitando somente PEPS ou média ponderada móvel, sendo que a maioria das empresas adota o critério da média. Independentemente do critério utilizado para atribuir preços aos inventários, os responsáveis pela fixação de preços devem dedicar bastante atenção à variação de preços específica de suas mercadorias de modo a fixar o preço de venda em função do custo de reposição e não somente dos custos apurados em seu sistema contábil. Este é um ponto algumas vezes negligenciado por alguns administradores que implementam políticas de fixação de preços baseadas na estrutura de custos e não no mercado.

Outras questões adicionais relativas aos estoques dizem respeito a algumas práticas comerciais que podem alterar a composição dos itens em estoque, como, por exemplo: DESCONTOS FINANCEIROS, DESCONTOS COMERCIAIS, DEVOLUÇÕES E ABATIMENTOS EM COMPRAS.

Descontos financeiros são prêmios oferecidos pelo fornecedor ao comprador por antecipação de pagamentos de obrigações decorrentes de aquisição de mercadorias. Como este é um problema de natureza essencialmente financeira e somente ocorrerá posteriormente à data da compra, o tratamento contábil recomendado é de se considerar como despesa com descontos financeiros concedidos na contabilidade do vendedor e como receita de descontos financeiros obtidos na firma compradora, sendo os seus saldos transferidos para a conta de Resultado.

Os descontos comerciais sobre compras devem ser registrados na ficha de estoque, na coluna de entradas totais, com valor negativo. Estes descontos não alteram as quantidades, mas somente o valor total da compra. Já os descontos comerciais sobre vendas não são registrados na ficha de estoques porque não alteram o valor do CMV ou do estoque. Eles devem ser apresentados como deduções de vendas.

As devoluções e abatimentos em compras também devem ser registrados na ficha de controle de estoque, na coluna de entradas-totais, com valor negativo, pois estão retificando o valor de compras.

4.4 EBITDA e EBIT

Um indicador extraído da demonstração do resultado que tem sido muito utilizado por analistas financeiros de empresas que reportam suas informações contábeis ao mercado é o **EBITDA** (***Earnings Before Interest, Taxes, Depreciation, and Amortization***), termo que traduzido para o português significa **Lucros Antes de Juros, Impostos, Depreciação e Amortização (LAJIDA)**. Sendo assim, esse indicador corresponde a uma maneira de calcular o resultado de empresa, sem levar em consideração estes itens (Juros, Impostos, Depreciação e Amortização). Entende-se que o EBITDA ou LAJIDA busca representar o quanto a empresa gera de recursos apenas em suas atividades operacionais. A Figura 4.4 ilustra a tradução do indicador EBITDA.

EBITDA

Conceito: É um termo que indica a capacidade de uma empresa obter resultados procedentes de sua atividade principal.

E	*Earnings*	Ganho/lucro
B	*Before*	Antes
I	*Interest*	Juros
T	*Taxes*	Impostos
D	*Depreciation*	Depreciação
A	*Amortization*	Amortização

Figura 4.4 Tradução do Indicador EBITDA.

Já o indicador **EBIT** é uma sigla proveniente de ***Earnings Before Interest and Taxes***, também denominado de **LAJIR**, isto é, **Lucros antes dos Juros e Impostos de Renda**. Nesse caso, depreciação e amortização não são desconsiderados no cálculo do resultado. Dessa forma, apresenta para o usuário da informação contábil o resultado a partir das atividades genuinamente ligadas ao negócio da empresa. A Figura 4.5 ilustra a tradução do indicador EBIT.

EBIT

EBIT + Depreciação e Amortização = EBITDA

E	*Earnings*	Ganho/lucro
B	*Before*	Antes
I	*Interest*	Juros
T	*Taxes*	Impostos

Figura 4.5 Tradução do Indicador EBIT.

Exemplo: Considerando que o contador da empresa **Ômega Ltda**. tenha preparado a demonstração do resultado de três anos (2011, 2012 e 2013), conforme a seguir:

DEMONSTRAÇÃO DO RESULTADO	2011	2012	2013
RECEITA BRUTA	**1.700.000**	**1.800.000**	**1.900.000**
(–) Impostos e Deduções sobre vendas	–340.000	–360.000	–380.000
RECEITA LÍQUIDA	**1.360.000**	**1.440.000**	**1.520.000**
(–) Custo dos produtos vendidos	–850.000	–800.000	–900.000
LUCRO BRUTO	**510.000**	**640.000**	**620.000**
(–) Despesas com venda	–30.000	–40.000	–50.000
(–) Despesas administrativas	–70.000	–80.000	–90.000
(–) Depreciação e Amortização	–50.000	–60.000	–70.000
(–) Despesas Financeiras	–20.000	–40.000	–60.000
LUCRO ANTES DO IR e CSLL	**340.000**	**420.000**	**350.000**
(–) Provisão do IR e CSLL	–102.000	–126.000	–105.000
LUCRO LÍQUIDO	**238.000**	**294.000**	**245.000**

Com essas informações disponibilizadas pelo contador da empresa Ômega Ltda. podemos calcular o **EBITDA** e **EBIT** de modo intuitivo da seguinte forma:

Cálculo do EBITDA da empresa Ômega Ltda.

	2011	2012	2013
LUCRO LÍQUIDO	**238.000**	**294.000**	**245.000**
(+) Despesas Financeiras	20.000	40.000	60.000
(+) Provisão do IR e CSLL	102.000	126.000	105.000
(+) Depreciação e Amortização	50.000	60.000	70.000
EBITDA ou LAJIDA	**410.000**	**520.000**	**480.000**

Cálculo do EBIT da empresa Ômega Ltda.

	2011	2012	2013
LUCRO LÍQUIDO	**238.000**	**294.000**	**245.000**
(+) Despesas Financeiras	20.000	40.000	60.000
(+) Provisão do IR e CSLL	102.000	126.000	105.000
EBIT ou LAJIR	**360.000**	**460.000**	**410.000**

Uma forma alternativa e muito interessante para a empresa **Ômega Ltda.** preparar sua demonstração do resultado dos três anos (2011, 2012 e 2013), considerando o cálculo do EBITDA e EBIT, poderia ser a seguinte:

DEMONSTRAÇÃO DO RESULTADO	2011	2012	2013
RECEITA BRUTA	**1.700.000**	**1.800.000**	**1.900.000**
(–) Impostos e Deduções sobre vendas	–340.000	–360.000	–380.000
RECEITA LÍQUIDA	**1.360.000**	**1.440.000**	**1.520.000**
(–) Custo dos produtos vendidos	–850.000	–800.000	–900.000
LUCRO BRUTO	**510.000**	**640.000**	**620.000**
(–) Despesas com venda	–30.000	–40.000	–50.000
(–) Despesas administrativas	–70.000	–80.000	–90.000

DEMONSTRAÇÃO DO RESULTADO	2011	2012	2013
EBITDA ou LAJIDA	**410.000**	**520.000**	**480.000**
(–) Depreciação e Amortização	–50.000	–60.000	–70.000
EBIT ou LAJIR	**360.000**	**460.000**	**410.000**
(–) Despesas Financeiras	–20.000	–40.000	–60.000
LUCRO ANTES DO IR e CSLL	**340.000**	**420.000**	**350.000**
(-) Provisão do IR e CSLL	–102.000	–126.000	–105.000
LUCRO LÍQUIDO	**238.000**	**294.000**	**245.000**

Por fim, cabe ressaltar que a Comissão de Valores Mobiliários – CVM estabeleceu uma instrução normativa própria mostrando como as empresas devem calcular o LAJIDA (EBITDA) e LAJIR (EBIT) para fins de divulgação no Brasil.

Esta instrução foi criada em razão das diversas formas que estavam sendo usadas no mercado para obter este valor. Para obter maiores informações sobre esse assunto você deve buscar as seguintes normas da CVM:

- **INSTRUÇÃO CVM N. 527, DE 04 DE OUTUBRO DE 2012:** Dispõe sobre a divulgação voluntária de informações de natureza não contábil denominadas LAJIDA e LAJIR.

- **NOTA EXPLICATIVA À INSTRUÇÃO CVM N. 527, DE 04 DE OUTUBRO DE 2012.**

CASO 7 • Cia. Paulista do Varejo (Parte I)

A **Cia. Paulista do Varejo**, líder no comércio varejista de uma cidade localizada no interior do estado de São Paulo, apresentou o seguinte Balanço Patrimonial em **31/12/2013**:

ATIVO		**PASSIVO**	
Ativo Circulante	**250.000**	**Passivo Circulante**	**200.000**
Caixa	20.000	Fornecedores	187.500
Duplicatas a Receber	130.000	Juros a Pagar	5.000
Estoques	100.000	Salários a pagar	7.500
Ativo Não Circulante	**160.000**	**Passivo Não Circulante**	**70.000**
Investimentos	***40.000***	Financiamentos	70.000
Investimentos em ações	40.000		
Imobilizado	***120.000***	**Patrimônio Líquido**	**140.000**
Equipamentos de informática	100.000	Capital	80.000
(–) Depr. Acum. Equip. Inf.	(20.000)	Reservas de Capital	35.000
Veículos	50.000	Reservas de Lucros	25.000
(–) Depr. Acum. Veículos	(10.000)		
Total do Ativo	**410.000**	**Total do Passivo + PL**	**410.000**

Temos as seguintes ***informações agregadas*** referentes às transações da **Cia. Paulista** do Varejo no ano de **2014**:

1. A empresa vendeu $ 600.000 (receita líquida dos impostos sobre vendas) em 2014, sendo que 60% foram recebidos em 2014 e o restante será recebido ao longo do ano seguinte (2015). O saldo de duplicatas a receber em 31/12/2013 foi totalmente recebido em 2014.
2. As dívidas com os fornecedores em 31/12/2013 já foram pagas ao longo de 2014, porém a empresa comprou mais $ 300.000 de estoques em 2014, sendo que ainda serão pagos $ 100.000 em 2015.

3. No final do ano de 2014 a empresa tinha $ 80.000 em estoque (estoque final)
4. Os juros incorridos no ano de 2014, em função do financiamento, foram de $ 4.000 e ainda não foram pagos. No Entanto, no início de 2014 a empresa pagou $ 15.000 à instituição responsável pelo financiamento (sendo que $ 10.000 são referentes ao principal e $ 5.000 aos juros a pagar de 2013).
5. A empresa pagou $ 92.500 de salários no ano de 2014 (incluído os $ 7.500 de 2013). Os salários de dezembro de 2014 foram de $ 7.000 e são pagos somente em 05/01/2015.
6. Pela primeira vez a empresa realizou uma estimativa de perda com clientes (inadimplência), da ordem de 5% das duplicatas a receber ao final de 2014.
7. Não houve aquisição de imobilizado no ano de 2014, mas a depreciação dos equipamentos de informática e dos veículos é de 20% ao ano.
8. A empresa constatou (após a realização do teste de recuperabilidade ou impairment) que o valor recuperável dos equipamentos de informática é $ 44.000 e dos veículos é $ 33.000. Caso necessário, registre contabilmente a redução ao valor recuperável desses ativos.
9. A empresa vendeu à vista metade dos seus investimentos em ações por $ 30.000.
10. Em 2015 a empresa deverá pagar $ 28.000 de Imposto de Renda sobre o Lucro de 2014.
11. Foram pagos aos proprietários da empresa $ 40.000 de dividendos (distribuição de lucros), sendo que o lucro líquido não distribuído na forma de dividendos foi destinado às reservas de lucros.

Pede-se:

a) Com base nessas informações, complemente as Demonstrações Contábeis da Cia. Paulista do Varejo (Demonstração do Resultado de 2014 e o Balanço Patrimonial de 31/12/2014).
b) Qual o valor da Variação do Capital Circulante Líquido em 2014?
c) Qual o valor do EBITDA da empresa em 2014?
d) Qual o valor do EBIT da empresa em 2014?

DEMONSTRAÇÃO DO RESULTADO DO EXERCÍCIO (2014)	
Receitas de Vendas	
Custos das Mercadorias Vendidas	
Lucro Bruto	
Despesa com juros	
Despesa com salários	
Provisão para devedores duvidosos	
Despesa depreciação de equipamentos de informática	
Despesa depreciação de veículos	
Provisão de perda com recuperabilidade (Impairment)	
Outras receitas: venda de investimentos	
Outros custos: baixa de investimentos	
Lucro antes do I.R.	
Provisão para Imposto de Renda	
Lucro Líquido	

BALANÇO PATRIMONIAL (31/12/2014)			
ATIVO		**PASSIVO + PL**	
Ativo Circulante		**Passivo Circulante**	
Caixa		Fornecedores	
Duplicatas a Receber		Juros a Pagar	
(–) Prov. p/ devedores duvidosos		Salários a pagar	
Estoques		Imposto de Renda a pagar	
Ativo Não Circulante		**Passivo Não Circulante**	
Investimentos em ações		Financiamentos	
Equipamentos de informática			
(–) Depreciação Acum. Equip. Inf.		**Patrimônio Líquido**	
Veículos		Capital	
(–) Depreciação Acum. Veículos		Reservas de Capital	
(–) Provisão perda recuperabilidade		Reservas de Lucros	
Total do Ativo		**Total do Passivo + PL**	

CASO 8 • Cia. Investimento Certo

A **Cia. Investimento Certo** tem como principal objetivo buscar boas oportunidades de investimento, com perspectivas de retorno garantido para seus acionistas.

O **Balanço Patrimonial** apresentado em **31/12/2010** foi:

Ativo Circulante	***500.000***	***Passivo Circulante***	***50.000***
Disponível	500.000	Financiamento	50.000
Ativo Não Circulante	***500.000***	***Passivo Não Circulante***	***350.000***
Investimento – Empresa A	180.000	Financiamento	350.000
Investimento – Empresa B	100.000	***Patrimônio Líquido***	***600.000***
Investimento – Empresa C	70.000	Capital Social	420.000
Imobilizado – Terreno	150.000	Reservas de Lucro	180.000
TOTAL DO ATIVO	***1.000.000***	***TOTAL DO PASSIVO + PL***	***1.000.000***

Temos as seguintes informações da Cia. Investimento Certo no ano de 2011:

1) O novo contador contratado pela empresa, ao analisar o Balanço de 31/12/2010, percebeu que o terreno não deveria ser contabilizado como Imobilizado, pois o mesmo era destinado para valorização. Esse terreno foi comprado em 2008 por $ 150.000 e o seu valor justo, em 31/01/2011, foi avaliado em $ 280.000. Então, a direção da Cia. Investimento Certo autorizou a reclassificação desse ativo no dia 31/01/2011.

2) No dia 01/02/2011, a Cia. Investimento Certo comprou três salas comerciais de 50 m^2 no Ed. Praia do Flamengo Centro Empresarial por $ 900.000. A empresa pagou $ 100.000 e financiou $ 800.000. Cabe ressaltar que uma sala de 50 m^2 passou a ser a sede da empresa e as outras duas foram alugadas. A Cia. Investimento Certo recebeu $ 90.000 de aluguel dessas duas salas, referente ao ano de 2011.

3) Uma empresa de consultoria foi contatada para avaliar o valor justo do terreno e das salas comerciais. O laudo de avaliação dizia que em 31/12/2011 o valor do terreno era $ 330.000 e o valor de cada sala $ 360.000.

4) A empresa pagou $ 80.000 à instituição responsável pelo financiamento ao longo de 2011, sendo $ 50.000 referente ao principal da dívida e $ 30.000 referente aos juros incorridos dentro do ano de 2011. O saldo do financiamento a ser pago até 31/12/2012 é $ 150.000.

5) Não houve mudança de valor nos investimentos realizados nas empresas A, B e C.

Com base nessas informações da Cia. Investimento Certo, *prepare*:

i. Balanço Patrimonial em 31/12/2011

ii. Demonstração do Resultado de 2011

I. Balanço Patrimonial em 31/12/2011			
Ativo Circulante		**Passivo Circulante**	
Disponível		Financiamento	
Ativo Não Circulante		***Passivo Não Circulante***	
Investimento – Empresa A		Financiamento	
Investimento – Empresa B			
Investimento – Empresa C		***Patrimônio Líquido***	
Propriedade p/ Investimento – Terreno		Capital Social	
Propriedade p/ Investimento – 02 Salas		Ajuste de Avaliação Patrimonial	
Imobilizado – 01 Sala		Reservas de Lucro	
TOTAL DO ATIVO		**TOTAL DO PASSIVO + PL**	

II. Demonstração do Resultado de 2011	
Receita de Aluguel de 02 Salas	
Ganho de ajuste ao valor justo – Terreno	
Ganho de ajuste ao valor justo – 02 Salas	
Despesas financeiras	
Lucro Líquido	

Capítulo 5

DEMONSTRAÇÃO DOS FLUXOS DE CAIXA

OBJETIVOS DO CAPÍTULO

- Introduzir uma discussão sobre a gestão e o controle dos recursos financeiros de uma empresa (caixa e equivalentes de caixa).
- Explicar como a Demonstração dos Fluxos de Caixa é estruturada, tendo como base a legislação societária brasileira (Lei das S/A) e a norma CPC 03 aprovada pelo Comitê de Pronunciamentos Contábeis – CPC, que está correlacionada com a Norma Internacional de Contabilidade – IAS 7.
- Apresentar as particularidades dos métodos direto e indireto, quando da preparação do fluxo de caixa operacional.

5.1 Introdução

Neste capítulo vamos apresentar alguns importantes conceitos relacionados à movimentação de recursos financeiros (caixa e equivalentes de caixa), oriundos das operações realizadas pelas entidades, destacando a importância do entendimento desses conceitos para o processo de tomada de decisão a partir da demonstração dos fluxos de caixa.

Quando nos referimos aos fluxos de caixa estamos utilizando um conceito que inclui a movimentação de contas que significam disponibilidades, devendo ser consideradas as contas de caixa, bancos e aplicações financeiras com elevada liquidez. Estas contas são classificadas no Ativo Circulante, normalmente no Disponível.

Por se tratar de recursos financeiros com elevada liquidez, as disponibilidades requerem um cuidado especial, sendo importante observar algumas normas de controle interno:

Segregação de Funções – O responsável pela movimentação de disponibilidades não deve acumular outras funções. Por exemplo, ser Tesoureiro e Contador ao mesmo tempo. Não é recomendável que o funcionário encarregado dos registros contábeis também seja o responsável pela movimentação de caixa.

Delegação de Funções – Para cada tipo de movimentação deve haver somente um responsável, não devendo ser permitido que diversas pessoas tenham acesso ao caixa. No caso de algum problema pode haver dificuldades em identificar o responsável. No caso de movimentação de conta bancária, há necessidade de termos sempre mais de uma assinatura nos cheques e as pessoas responsáveis pelos pagamentos devem ser distintas daquelas que autorizaram os gastos. A empresa deve dispor de cartões de assinaturas, periodicamente atualizados, de todos os responsáveis pela movimentação financeira, que deverão, obrigatoriamente, ser conferidos antes da assinatura dos cheques.

Tipos de Controles - Dependendo do porte da empresa poderemos ter dois tipos de controle sobre a conta caixa: Fundo Fixo e Tesouraria. No fundo fixo, definimos uma importância em dinheiro a ser destinada a uma pessoa para a realização de pagamentos de gastos para um determinado período (uma semana, quinze dias ou um mês), efetuando-se a prestação de contas da movimentação através dos comprovantes apresentados e repondo-se o valor desembolsado, através de cheque nominativo ao responsável pelo fundo fixo. Todos os demais pagamentos não realizados pelo fundo fixo devem ser efetuados em cheques nominativos cruzados e a totalidade dos recebimentos devem ser depositados diretamente nos bancos, não passando pela conta caixa. Quando a empresa adota o sistema de tesouraria o processo torna-se mais complexo pois a movimentação financeira engloba um maior e mais diversificado número de operações, tais como: vales concedidos a funcionários, adiantamentos para despesas de viagem, cheques recebidos de clientes, dinheiro proveniente de vendas à vista, cobrança de duplicatas, pagamentos de obrigações diversas etc. Neste sistema os procedimentos de controle de caixa deverão estar relacionados a outros mecanismos de controle projetados para outras contas, como por exemplo: contas a receber, contas a pagar, adiantamentos, custódia de bens etc. Algumas empresas desenvolvem um sistema de controle que se utiliza de uma conta de controle intitulada “Conta Caixa”, onde deverá ser registrada toda movimentação financeira, debitando-se ou creditando-se todas as operações que envolverem numerário. Os principais cuidados com o controle de tesouraria são:

- ✓ Controle diário dos recebimentos e pagamentos, analisando-se os motivos de atrasos nos recebimentos previstos e validação dos documentos relativos aos pagamentos, com circularização aos clientes e fornecedores;

- ✓ Conferência de caixa diário, conciliando-se os saldos de caixa com os extratos bancários e outros documentos;

- ✓ Conferência de talonários de cheques para verificar existência física do número de cheques;
- ✓ Conferência periódica de custódia de títulos e valores mobiliários, com exame de numeração, prazo de vencimento e originalidade dos mesmos;
- ✓ Auditoria periódica da tesouraria em datas aleatórias;
- ✓ Conferência e certificação de pagamentos de tributos junto aos órgãos arrecadadores para validar documentos autenticados por máquinas bancárias;
- ✓ Conferência permanente em todos os documentos de assinaturas de pessoal autorizado;
- ✓ Análise de concessão de vales e adiantamentos para pessoal da empresa e de terceiros;
- ✓ Conferência e análise dos saldos em moeda estrangeira, verificando a correção dos ajustes decorrentes da conversão em Reais na data dos Balanços.

Orçamento de Caixa

O orçamento de caixa traduz a expectativa dos gestores quanto às entradas e saídas de numerário para um determinado período de tempo, normalmente um ano, em função das atividades planejadas. Trata-se de um instrumento da maior importância na gestão dos negócios de qualquer empresa, por traduzir a política financeira a ser posta em prática pelos administradores no futuro.

Através de uma análise da movimentação de caixa projetada para o período seguinte, pode-se identificar problemas e oportunidades apontados pelos números que espelham os fluxos de caixa projetados para os diversos períodos ao longo do ano. Por meio do orçamento de caixa somos capazes de identificar com antecedência as necessidades de obtenção de fundos para um determinado período, assim como as oportunidades de aplicação de recursos, no caso de existência de saldos em excesso às necessidades correntes da entidade.

Os dados a serem utilizados na elaboração do orçamento de caixa são provenientes dos diversos orçamentos projetados pela entidade que impliquem entrada e saída de numerário, basicamente os relativos a recebimentos e pagamentos. Da análise do orçamento de caixa podem surgir indicações para alteração nos planos da empresa em função de projetos que demonstrem ser inviáveis do ponto de vista financeiro.

Fluxos de Caixa

Como vimos anteriormente, na discussão sobre o orçamento de caixa, as informações sobre a movimentação de caixa é da maior relevância para os administradores de modo que possam tomar decisões mais acertadas sobre a melhor alocação de recursos financeiros. A diferença básica entre os conceitos de fluxos de caixa e orçamento de caixa é que no primeiro estamos falando de algo que já ocorreu e, no segundo, estamos nos referindo a um fluxo de caixa projetado, que esperamos que ocorra no futuro.

O objetivo da análise dos fluxos de caixa já ocorridos é possibilitar um conhecimento sobre a movimentação efetiva de caixa com vistas a verificar se a empresa está sendo capaz de gerar caixa suficiente para honrar seus compromissos e expandir os negócios. Desta forma, ao analisar os fluxos de caixa de uma empresa, estamos obtendo informações sobre a política financeira posta em prática pela entidade, identificando onde foram gerados e aplicados os recursos financeiros (caixa e equivalentes de caixa) durante, por exemplo, o período de um ano.

Nesse sentido, cabe ressaltar que normas contábeis foram aprovadas pelo IASB (*International Accounting Standards Board*) e CPC (Comitê de Pronunciamentos Contábeis) para tratar especificamente da Demonstração dos Fluxos de Caixa.

- No IASB:
  IAS 7 – *Statement of Cash Flows*

- No CPC:
  CPC 03 – Demonstração dos Fluxos de Caixa

De acordo com essas normas, as informações sobre o fluxo de caixa de uma entidade são úteis para proporcionar aos usuários das demonstrações contábeis uma base para avaliar a capacidade de a entidade gerar caixa e equivalentes de caixa, bem como as necessidades da entidade de utilização desses fluxos de caixa. As decisões econômicas que são tomadas pelos usuários exigem avaliação da capacidade de a entidade gerar caixa e equivalentes de caixa, bem como da época de sua ocorrência e do grau de certeza de sua geração.

Sendo assim, o objetivo das normas IAS 7 e CPC 03 é *requerer a prestação de informações acerca das alterações históricas de caixa e equivalentes de caixa da entidade por meio de demonstração dos fluxos de caixa que classifique os fluxos de caixa do período por atividades operacionais, de investimento e de financiamento.*

O CPC 03 aponta os seguintes benefícios da informação proveniente da demonstração dos fluxos de caixa:

- A demonstração dos fluxos de caixa, quando usada em conjunto com as demais demonstrações contábeis, proporciona informações que permitem que os usuários avaliem as mudanças nos ativos líquidos da entidade, sua estrutura financeira (inclusive sua liquidez e solvência) e sua capacidade para mudar os montantes e a época de ocorrência dos fluxos de caixa, a fim de adaptá-los às mudanças nas circunstâncias e oportunidades.

- As informações sobre os fluxos de caixa são úteis para avaliar a capacidade de a entidade gerar caixa e equivalentes de caixa e possibilitam aos usuários desenvolver modelos para avaliar e comparar o valor presente dos fluxos de caixa futuros de diferentes entidades.

- A demonstração dos fluxos de caixa também concorre para o incremento da comparabilidade na apresentação do desempenho operacional por diferentes entidades, visto que reduz os efeitos decorrentes do uso de diferentes critérios contábeis para as mesmas transações e eventos.

- Informações históricas dos fluxos de caixa são frequentemente utilizadas como indicador do montante, época de ocorrência e grau de certeza dos fluxos de caixa futuros. Também são úteis para averiguar a exatidão das estimativas passadas dos fluxos de caixa futuros, assim como para examinar a relação entre lucratividade e fluxos de caixa líquidos e o impacto das mudanças de preços.

Um aspecto relevante a ser considerado na elaboração da demonstração dos fluxos de caixa é que os dados a serem utilizados são os referentes ao regime de caixa. Desta forma temos necessidade de ajustar os dados do Balanço e da Demonstração de Resultados, pois os mesmos são elaborados com base no regime de competência que, como já foi visto anteriormente, reconhece as despesas e as receitas em função do fato gerador e não do pagamento ou recebimento. A diferença entre os dois regimes pode ser vista através do seguinte exemplo:

A empresa **Baixa Liquidez** realizou vendas em 2014 no valor de R$ 60.000,00, sendo que somente R$ 30.000,00 foram recebidos. As despesas foram da ordem de R$ 25.000,00, mas deste total R$ 10.000,00 ficaram para ser pagos no ano seguinte. Finalmente, durante o ano as despesas de depreciação de equipamentos montaram a R$ 5.000,00.

DEMONSTRAÇÃO DO RESULTADO	REGIME DE CAIXA	REGIME DE COMPETÊNCIA
Vendas	30.000	60.000
Despesas	(15.000)	(25.000)
Depreciação	----------	(5.000)
Lucro	**15.000**	**30.000**

Como se pode verificar, o lucro da empresa apurado de acordo com o regime de competência é de R$ 30.000,00, mas o lucro realizado financeiramente foi de somente R$ 15.000,00 e este seria o valor a ser considerado no fluxo de caixa da empresa **Baixa Liquidez**.

5.2 A Estrutura da Demonstração dos Fluxos de Caixa

Vamos agora tentar explicar a demonstração dos fluxos de caixa a partir de uma visão mais estruturada, alinhada com as normas para elaboração e apresentação das demonstrações contábeis estabelecidas tanto pela legislação societária brasileira (Lei das S/A) quanto pelo Comitê de Pronunciamentos Contábeis - CPC.

Primeiramente, deve-se observar o § 6º do art. 176 da legislação societária brasileira (Lei das S/A), em que foi permitido o seguinte: *"a companhia fechada com patrimônio líquido, na data do balanço, inferior a R$ 2.000.000,00 (dois milhões de reais) não será obrigada à elaboração e publicação da demonstração dos fluxos de caixa"*.

Já o art. 188 desta mesma Lei estabelece que a demonstração dos fluxos de caixa discriminará as alterações ocorridas, durante o exercício, no saldo de caixa e equivalentes de caixa, segregando-se essas alterações em, no mínimo, 03 (três) fluxos: a) das operações; b) dos financiamentos; c) dos investimentos.

Para melhor compreensão dos termos-chave empregados na demonstração dos fluxos de caixa, torna-se necessário apresentar algumas definições bem objetivas que foram estabelecidas no CPC 03:

Fluxos de caixa: são as entradas e saídas de caixa e equivalentes de caixa.

Caixa: compreende numerário em espécie e depósitos bancários disponíveis.

Equivalentes de caixa: são aplicações financeiras de curto prazo, de alta liquidez, que são prontamente conversíveis em montante conhecido de caixa e que estão sujeitas a um insignificante risco de mudança de valor.

Atividades operacionais: são as principais atividades geradoras de receita da entidade e outras atividades que não são de investimento e tampouco de financiamento.

Atividades de investimento: são as referentes à aquisição e à venda de ativos de longo prazo e de outros investimentos não incluídos nos equivalentes de caixa.

Atividades de financiamento: são aquelas que resultam em mudanças no tamanho e na composição do capital próprio e no capital de terceiros da entidade.

Ainda de acordo com as normas IAS 7 e CPC 03 podemos encontrar maiores esclarecimentos sobre os seguintes itens: caixa e equivalentes de caixa; atividades operacionais; atividades de investimento e atividades de financiamento.

Caixa e equivalentes de caixa

Os equivalentes de caixa são mantidos com a finalidade de atender a compromissos de caixa de curto prazo, e não para investimento ou outros propósitos. Para que um investimento seja qualificado como equivalente de caixa, ele precisa ter conversibilidade imediata em montante conhecido de caixa e estar sujeito a um insignificante risco de mudança de valor. Portanto, um investimento normalmente qualifica-se como equivalente de caixa somente quando tem vencimento de curto prazo, por exemplo, três meses ou menos, a contar da data da aquisição. Os investimentos em instrumentos patrimoniais (de patrimônio líquido) não estão contemplados no conceito de equivalentes de caixa.

Empréstimos bancários são geralmente considerados como atividades de financiamento. Entretanto, saldos bancários a descoberto, decorrentes de empréstimos obtidos por meio de instrumentos como cheques especiais ou contas-correntes garantidas, que são liquidados em curto lapso temporal compõem parte integral da gestão de caixa da entidade. Nessas circunstâncias, saldos bancários a descoberto são incluídos como componente de caixa e equivalentes de caixa. Uma característica desses arranjos oferecidos pelos bancos é que frequentemente os saldos flutuam de devedor para credor.

Os fluxos de caixa excluem movimentos entre itens que constituem caixa ou equivalentes de caixa porque esses componentes são parte da gestão de caixa da entidade, e não parte de suas atividades operacionais, de investimento e de financiamento. A gestão de caixa inclui o investimento do excesso de caixa em equivalentes de caixa.

Atividades operacionais

O montante dos fluxos de caixa advindos das atividades operacionais é um indicador-chave da extensão pela qual as operações da entidade têm gerado suficientes fluxos de caixa para amortizar empréstimos, manter a capacidade operacional da entidade, pagar dividendos e juros sobre o capital próprio e fazer novos investimentos sem recorrer a fontes externas de financiamento. As informações sobre os componentes específicos dos fluxos de caixa operacionais históricos são úteis, em conjunto com outras informações, na projeção de fluxos futuros de caixa operacionais.

Os fluxos de caixa advindos das atividades operacionais são basicamente derivados das principais atividades geradoras de receita da entidade. Portanto, eles geralmente resultam de transações e de outros eventos que entram na apuração do lucro líquido ou prejuízo. Exemplos de fluxos de caixa que decorrem das atividades operacionais são:

a) recebimentos de caixa pela venda de mercadorias e pela prestação de serviços;

b) recebimentos de caixa decorrentes de *royalties*, honorários, comissões e outras receitas;

c) pagamentos de caixa a fornecedores de mercadorias e serviços;

d) pagamentos de caixa a empregados ou por conta de empregados;

e) recebimentos e pagamentos de caixa por seguradora de prêmios e sinistros, anuidades e outros benefícios da apólice;

f) pagamentos ou restituição de caixa de impostos sobre a renda, a menos que possam ser especificamente identificados com as atividades de financiamento ou de investimento;

g) recebimentos e pagamentos de caixa de contratos mantidos para negociação imediata ou disponíveis para venda futura.

Algumas transações, como a venda de item do imobilizado, podem resultar em ganho ou perda, que é incluído na apuração do lucro líquido ou prejuízo. Os fluxos de caixa relativos a tais transações são fluxos de caixa provenientes de atividades de investimento.

A entidade pode manter títulos e empréstimos para fins de negociação imediata ou futura (*dealing or trading purposes*), os quais, no caso, são semelhantes a estoques adquiridos especificamente para revenda. Dessa forma, os fluxos de caixa advindos da compra e venda desses títulos são classificados como atividades operacionais. Da mesma forma, as antecipações de caixa e os empréstimos feitos por instituições financeiras são comumente classificados como atividades operacionais, uma vez que se referem à principal atividade geradora de receita dessas entidades.

Atividades de investimento

A divulgação em separado dos fluxos de caixa advindos das atividades de investimento é importante em função de tais fluxos de caixa representarem a extensão em que os dispêndios de recursos são feitos pela entidade com a finalidade de gerar lucros e fluxos de caixa no futuro. Somente desembolsos que resultam em ativo reconhecido nas demonstrações contábeis são passíveis de classificação como atividades de investimento. Exemplos de fluxos de caixa advindos das atividades de investimento são:

a) pagamentos em caixa para aquisição de ativo imobilizado, intangíveis e outros ativos de longo prazo. Esses pagamentos incluem aqueles relacionados aos custos de desenvolvimento ativados e aos ativos imobilizados de construção própria;

b) recebimentos de caixa resultantes da venda de ativo imobilizado, intangíveis e outros ativos de longo prazo;

c) pagamentos em caixa para aquisição de instrumentos patrimoniais ou instrumentos de dívida de outras entidades e participações societárias em *joint ventures* (exceto aqueles pagamentos referentes a títulos considerados como equivalentes de caixa ou aqueles mantidos para negociação imediata ou futura);

d) recebimentos de caixa provenientes da venda de instrumentos patrimoniais ou instrumentos de dívida de outras entidades e participações societárias em *joint ventures* (exceto aqueles recebimentos referentes aos títulos considerados como equivalentes de caixa e aqueles mantidos para negociação imediata ou futura);

e) adiantamentos em caixa e empréstimos feitos a terceiros (exceto aqueles adiantamentos e empréstimos feitos por instituição financeira);

f) recebimentos de caixa pela liquidação de adiantamentos ou amortização de empréstimos concedidos a terceiros (exceto aqueles adiantamentos e empréstimos de instituição financeira);

g) pagamentos em caixa por contratos futuros, a termo, de opção e *swap*, exceto quando tais contratos forem mantidos para negociação imediata ou futura, ou os pagamentos forem classificados como atividades de financiamento; e

h) recebimentos de caixa por contratos futuros, a termo, de opção e *swap*, exceto quando tais contratos forem mantidos para negociação imediata ou venda futura, ou os recebimentos forem classificados como atividades de financiamento.

Atividades de financiamento

A divulgação separada dos fluxos de caixa advindos das atividades de financiamento é importante por ser útil na predição de exigências de fluxos futuros de caixa por parte de fornecedores de capital à entidade. Exemplos de fluxos de caixa advindos das atividades de financiamento são:

a) caixa recebido pela emissão de ações ou outros instrumentos patrimoniais;

b) pagamentos em caixa a investidores para adquirir ou resgatar ações da entidade;

c) caixa recebido pela emissão de debêntures, empréstimos, notas promissórias, outros títulos de dívida, hipotecas e outros empréstimos de curto e longo prazo;

d) amortização de empréstimos e financiamentos; e

e) pagamentos em caixa pelo arrendatário para redução do passivo relativo a arrendamento mercantil financeiro.

O Balanço Patrimonial e a DFC

Com intuito de ilustrar as conexões mais comuns entre o balanço patrimonial e a demonstração dos fluxos de caixa, veja a figura 5.1 a seguir:

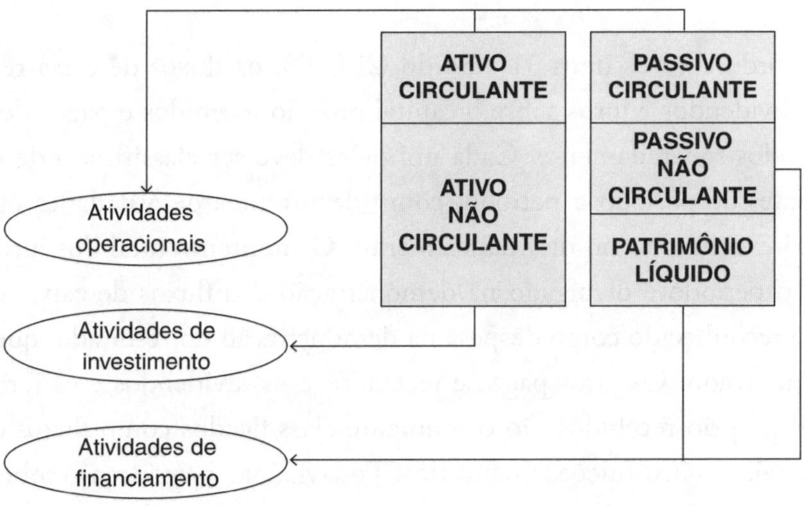

Figura 5.1 Conexão entre Balanço Patrimonial e a DFC.

Sendo assim, podemos dizer que normalmente os pagamentos e recebimentos relacionados com as contas dos grupos circulantes do balanço patrimonial serão classificados na estrutura da demonstração dos fluxos de caixa como atividades operacionais. **Cabe ressaltar que as atividades operacionais também estão relacionadas com as contas de receitas e despesas operacionais reportadas na demonstração do resultado (DRE).**

Já os pagamentos e recebimentos relacionados com as contas dos grupos que formam o ativo não circulante (ativo realizável a longo prazo, investimentos, imobilizado e intangível) do balanço patrimonial serão normalmente classificados na estrutura da demonstração dos fluxos de caixa como atividades de investimento.

Por fim, os pagamentos e recebimentos relacionados com as contas dos grupos que formam o passivo não circulante e o patrimônio líquido do balanço patrimonial serão normalmente classificados na estrutura da demonstração dos fluxos de caixa como atividades de financiamento.

Juros e Dividendos

De acordo com os itens 31 a 34 do CPC 03, os fluxos de caixa referentes a juros, dividendos e juros sobre o capital próprio recebidos e pagos devem ser apresentados separadamente. Cada um deles deve ser classificado de maneira consistente, de período a período, como decorrentes de atividades operacionais, de investimento ou de financiamento. O montante total dos juros pagos durante o período é divulgado na demonstração dos fluxos de caixa, quer tenha sido reconhecido como despesa na demonstração do resultado, quer tenha sido capitalizado. Os juros pagos e recebidos e os dividendos e os juros sobre o capital próprio recebidos são comumente classificados como fluxos de caixa operacionais em instituições financeiras. Todavia, não há consenso sobre a classificação desses fluxos de caixa para outras entidades. Os juros pagos e recebidos e os dividendos e os juros sobre o capital próprio recebidos podem ser classificados como fluxos de caixa operacionais, porque eles entram na determinação do lucro líquido ou prejuízo. Alternativamente, os juros pagos e recebidos, os dividendos e os juros sobre o capital próprio recebidos podem ser classificados, respectivamente, como fluxos de caixa de financiamento e fluxos de caixa de investimento, porque são custos de obtenção de recursos financeiros ou retornos sobre investimentos.

No entanto, o CPC 03 encoraja fortemente as entidades a classificarem os juros, recebidos ou pagos, e os dividendos e juros sobre o capital próprio recebidos como fluxos de caixa das atividades operacionais, e os dividendos e juros sobre o capital próprio pagos como fluxos de caixa das atividades de financiamento. Alternativa diferente deve ser seguida de nota evidenciando esse fato.

Imposto de renda e contribuição social sobre o lucro líquido

Conforme os itens 35 e 36 do CPC 03, os fluxos de caixa referentes ao imposto de renda (IR) e contribuição social sobre o lucro líquido (CSLL) devem ser divulgados separadamente e ser classificados como fluxos de caixa das atividades operacionais, a menos que possam ser identificados especificamente como atividades de financiamento e de investimento. Os tributos sobre o lucro (IR e CSLL) resultam de transações que originam fluxos de caixa que são classificados como atividades operacionais, de investimento ou de financiamento na demonstração dos fluxos de caixa. Embora a despesa com impostos possa ser prontamente identificável com as atividades de investimento ou de financiamento, torna-se, às vezes, impraticável identificar os respectivos fluxos de caixa dos impostos, que podem, também, ocorrer em período diferente dos fluxos de caixa da transação subjacente. Portanto, os impostos pagos são comumente classificados como fluxos de caixa das atividades operacionais. Todavia, quando for praticável identificar o fluxo de caixa dos impostos com uma determinada transação, da qual resultem fluxos de caixa que sejam classificados como atividades de investimento ou de financiamento, o fluxo de caixa dos impostos deve ser classificado como atividade de investimento ou de financiamento, conforme seja apropriado. Quando os fluxos de caixa dos impostos forem alocados em mais de uma classe de atividade, o montante total dos impostos pagos no período também deve ser divulgado.

5.3 Métodos direto e indireto do fluxo de caixa operacional

Na preparação da demonstração dos fluxos de caixa, o grupo de atividades operacionais pode ser apresentado através de dois diferentes métodos. O **método direto** e o **método indireto**.

O método direto apresenta a movimentação de todas as contas relativas a recebimentos e pagamentos operacionais. Sendo assim, demonstra as entradas e saídas de dinheiro das atividades operacionais, como os recebimentos de vendas dos produtos/serviços da empresa e os pagamentos diversos (fornecedores, salários e demais despesas operacionais).

O método indireto parte do lucro líquido do período ajustado pelas receitas e despesas que decorrem da utilização do regime de competência que não transitam por caixa. Desta forma, faz a conciliação entre o lucro líquido e o caixa gerado pelas operações. Também é chamado de método da reconciliação.

Esses métodos são abordados nos itens 18 a 20 do CPC 03, onde a norma estabelece que a entidade deverá apresentar os fluxos de caixa das atividades operacionais, usando alternativamente:

a) o método direto, segundo o qual as principais classes de recebimentos brutos e pagamentos brutos são divulgadas; ou

b) o método indireto, segundo o qual o lucro líquido ou o prejuízo é ajustado pelos efeitos de transações que não envolvem caixa, pelos efeitos de quaisquer diferimentos ou apropriações por competência sobre recebimentos de caixa ou pagamentos em caixa operacionais passados ou futuros, e pelos efeitos de itens de receita ou despesa associados com fluxos de caixa das atividades de investimento ou de financiamento.

Pelo método direto, as informações sobre as principais classes de recebimentos brutos e de pagamentos brutos podem ser obtidas alternativamente:

a) dos registros contábeis da entidade; ou

b) pelo ajuste das vendas, dos custos dos produtos, mercadorias ou serviços vendidos (no caso de instituições financeiras, pela receita de juros e similares e despesa de juros e encargos e similares) e outros itens da demonstração do resultado ou do resultado abrangente referentes a:

   i. variações ocorridas no período nos estoques e nas contas operacionais a receber e a pagar;

   ii. outros itens que não envolvem caixa; e

   iii. outros itens tratados como fluxos de caixa advindos das atividades de investimento e de financiamento.

De acordo com o método indireto, o fluxo de caixa líquido advindo das atividades operacionais é determinado ajustando o lucro líquido ou prejuízo quanto aos efeitos de:

a) variações ocorridas no período nos estoques e nas contas operacionais a receber e a pagar;

b) itens que não afetam o caixa, tais como depreciação, provisões, tributos diferidos, ganhos e perdas cambiais não realizados e resultado de equivalência patrimonial (MEP) quando aplicável; e

c) todos os outros itens tratados como fluxos de caixa advindos das atividades de investimento e de financiamento.

Alternativamente, o fluxo de caixa líquido advindo das atividades operacionais pode ser apresentado pelo método indireto, mostrando-se as receitas e as despesas divulgadas na demonstração do resultado e as variações ocorridas no período nos estoques e nas contas operacionais a receber e a pagar.

A conciliação entre o lucro líquido e o fluxo de caixa líquido das atividades operacionais deve ser fornecida, obrigatoriamente, caso a entidade use o método direto para apurar o fluxo líquido das atividades operacionais. A conciliação deve apresentar, separadamente, por categoria, os principais itens a serem conciliados, à semelhança do que deve fazer a entidade que usa o método indireto em relação aos ajustes ao lucro líquido ou prejuízo para apurar o fluxo de caixa líquido das atividades operacionais. Logo, se a empresa optar por reportar o DFC pelo método direto, em notas explicativas deverá ser apresentado o fluxo de caixa operacional pelo método indireto. Em função dessa exigência, a grande maioria das empresas publica a DFC pelo método indireto. Além disso, os analistas das demonstrações contábeis consideram mais relevante o conteúdo informacional da conciliação entre lucro e caixa.

Para exemplificar a estrutura da demonstração dos fluxos de caixa com o grupo de atividades operacionais sendo reportado através desses dois diferentes métodos, veja as figuras 5.2 e 5.3:

DEMONSTRAÇÃO DOS FLUXOS DE CAIXA – DFC

ATIVIDADES OPERACIONAIS – *MÉTODO DIRETO*		
Recebimento de clientes	20.000	
Recebimento de juros	500	
Pagamentos a fornecedores	(12.000)	
Pagamento de salários	(6.000)	
Caixa líquido gerado (A.O.)		***2.500***
ATIVIDADES DE INVESTIMENTO		
Recebimento pela venda de imobilizado	15.000	
Pagamentos pela compra de imobilizado	(17.000)	
Caixa líquido consumido (A.I.)		***(2.000)***
ATIVIDADES DE FINANCIAMENTO		
Obtenção de financiamento bancário	5.000	
Distribuição de dividendos	(1.000)	
Caixa líquido gerado (A.F.)		***4.000***
Caixa Líquido Gerado		**4.500**
Saldo de Caixa, no início do exercício		**1.500**
Saldo de Caixa, no fim do exercício		**6.000**

Figura 5.2 Exemplo da DFC com as Atividades Operacionais pelo Método Direto

DEMONSTRAÇÃO DOS FLUXOS DE CAIXA – DFC

ATIVIDADES OPERACIONAIS – *MÉTODO INDIRETO*		
Lucro Líquido	3.000	
Mais: Depreciação	1.000	
Menos: Lucro apurado pelo MEP	(2.000)	
Aumento em duplicatas a receber	(3.500)	
Aumento em fornecedores	4.000	
Caixa líquido gerado (A.O.)		***2.500***
ATIVIDADES DE INVESTIMENTO		
Recebimento pela venda de imobilizado	15.000	
Pagamentos pela compra de imobilizado	(17.000)	
Caixa líquido consumido (A.I.)		***(2.000)***
ATIVIDADES DE FINANCIAMENTO		
Obtenção de financiamento bancário	5.000	
Distribuição de dividendos	(1.000)	
Caixa líquido gerado (A.F.)		***4.000***
Caixa Líquido Gerado		**4.500**
Saldo de Caixa, no início do exercício		**1.500**
Saldo de Caixa, no fim do exercício		**6.000**

Figura 5.3 Exemplo da DFC com as Atividades Operacionais pelo Método Indireto

Pode-se observar nas figuras 5.2 e 5.3 que a elaboração e apresentação da demonstração dos fluxos de caixa, no que diz respeito às atividades de investimento e financiamento, são iguais no método direto e indireto. O que realmente muda nos dois métodos são os fluxos de caixa das atividades operacionais.

Vejamos outro exemplo de apresentação da demonstração dos fluxos de caixa pelos dois métodos. As informações constantes do Balanço Patrimonial e Demonstração de Resultados da Cia. ZIDI são os seguintes:

COMPANHIA ZIDI BALANÇO PATRIMONIAL		
	31/12/2012	31/12/2013
ATIVO CIRCULANTE	***154.000***	***159.000***
CAIXA	12.000	17.000
DUPLICATAS A RECEBER	80.000	92.000
ESTOQUES	62.000	50.000
ATIVO NÃO CIRCULANTE	***36.000***	***35.000***
EQUIPAMENTOS	50.000	55.000
(-) DEP. ACUMULADA	24.000	28.000
PATENTES	10.000	8.000
TOTAL DO ATIVO	**190.000**	**194.000**
PASSIVO CIRCULANTE	***97.000***	***82.000***
FORNECEDORES	70.000	64.000
IMPOSTO DE RENDA A PAGAR	27.000	18.000
PATRIMÔNIO LÍQUIDO	***93.000***	***112.000***
CAPITAL	67.000	67.000
RESERVAS DE LUCROS	26.000	45.000
TOTAL PASSIVO E P.L.	**190.000**	**194.000**

COMPANHIA ZIDI DEMONSTRAÇÃO DO RESULTADO DE 2013	
VENDAS	150.000
CMV	(96.000)
LUCRO BRUTO	***54.000***
DESPESA DE DEPRECIAÇÃO	(4.000)
DESPESA DE JUROS	(12.000)
LUCRO ANTES DO IMPOSTO DE RENDA	***38.000***
IMPOSTO DE RENDA	(18.000)
LUCRO LÍQUIDO	***20.000***

ELABORAÇÃO DA DEMONSTRAÇÃO DOS FLUXOS DE CAIXA

1 – Cálculo das Entradas de Recursos em 2013

Recebimento de Duplicatas a Receber de 2012	80.000
(+) Vendas em 2013	150.000
(-) Duplicatas a Receber em 2014	92.000
(=) Entrada de Caixa em 2013	**138.000**
Venda de Patente	**2.000**
Total das Entradas	**140.000**

2 – Cálculo das Saídas de Recursos em 2013

Pagamento de Fornecedores de 2012	70.000	
(+) Compras em 2013	84.000*	* EI + C – EF = CMV
(-) Fornecedores (a pagar em 2014)	64.000	62 + C – 50 = 96
(=) Saída de Caixa em 2013	**90.000**	Compras = 84
(+) Pagamento de Imposto de Renda	27.000	
(+) Pagamento de Juros	12.000	
(+) Compra de Equipamentos	5.000	
(+) Pagamento de Dividendos	1.000**	** RL2012 + L2014 – DIV = RL2013
(=) Total de Saídas	**135.000**	26 + 20 – DIV = 45
		DIV = 1
1 – 2 = Fluxo de Caixa do Período	**5.000**	
(+) Saldo de Caixa Inicial	12.000	
(=) Saldo de Caixa Atual	17.000	

COMPANHIA ZIDI DEMONSTRAÇÃO DOS FLUXOS DE CAIXA DE 2013		
DAS OPERAÇÕES (MÉTODO DIRETO)		
(+) RECEBIMENTO DE CLIENTES	138.000	
(-) PAGAMENTO DE FORNECEDORES	90.000	
(-) PAGAMENTO DE IMPOSTOS	27.000	**21.000**
DE FINANCIAMENTOS		
(-) PAGAMENTO DE DIVIDENDOS	1.000	
(-) PAGAMENTO DE JUROS	12.000	**(13.000)**
DE INVESTIMENTOS		
(-) COMPRA DE EQUIPAMENTOS	5.000	
(+) VENDA DE PATENTES	2.000	**(3.000)**
FLUXO DO PERÍODO		**5.000**
SALDO INICIAL DE CAIXA		12.000
SALDO FINAL DE CAIXA		17.000

COMPANHIA ZIDI DEMONSTRAÇÃO DOS FLUXOS DE CAIXA DE 2013		
DAS OPERAÇÕES (MÉTODO INDIRETO)		
LUCRO LÍQUIDO DO EXERCÍCIO	20.000	
(+) DEPRECIAÇÃO	4.000	
LUCRO AJUSTADO	***24.000***	
(+) DIMINUIÇÃO NOS ESTOQUES	12.000	
(-) DIMINUIÇÃO DE FORNECEDORES	(6.000)	
(-) DIMINUIÇÃO DE IMPOSTOS A PAGAR	(9.000)	**21.000**
DE FINANCIAMENTO		
(-) PAGAMENTO DE DIVIDENDOS	1.000	
(-) PAGAMENTO DE JUROS	12.000	**(13.000)**

COMPANHIA ZIDI DEMONSTRAÇÃO DOS FLUXOS DE CAIXA DE 2013		
DE INVESTIMENTO		
(-) COMPRA DE EQUIPAMENTOS	(5.000)	
(+) VENDA DE PATENTES	2.000	**(3.000)**
FLUXO DO PERÍODO		**5.000**
SALDO DE CAIXA INICIAL		12.000
SALDO DE CAIXA FINAL		17.000

Ao analisar a demonstração dos fluxos de caixa da Companhia ZIDI podemos perceber que, durante o ano de 2013, a empresa apresentou uma geração de caixa proveniente de suas operações no montante de 21.000, e que esta foi a principal fonte de recursos já que as demais, provenientes de investimentos e financiamento, se apresentaram negativas, ou seja, consumiram recursos. Este é um dado relevante pois é através de suas operações que as empresas demonstram a sua pujança financeira e sinalizam para o mercado a sua capacidade de geração de caixa em volume suficiente para poder expandir seus negócios e manter uma posição financeira saudável.

As informações disponibilizadas pelo fluxo de caixa demonstram de forma detalhada as origens e aplicações de recursos que afetam o caixa, propiciando aos gestores e investidores maior conhecimento sobre a política financeira da empresa.

CASO 9 • Cia. Paulista do Varejo (Parte II)

Retorne ao caso da **Cia. Paulista do Varejo (Parte I)**, desenvolvido ao final do Capítulo 4. Com base nas informações disponibilizadas no caso, bem como na preparação do Balanço Patrimonial de 31/12/2014 e da Demonstração do Resultado de 2014, complemente a Demonstração dos Fluxos de Caixa de 2014 (utilizar os métodos direto e indireto do fluxo de caixa operacional).

DEMONSTRAÇÃO DOS FLUXOS DE CAIXA (2014)

ATIVIDADES OPERACIONAIS: *MÉTODO DIRETO*	
Recebimento das vendas	
Pagamento das compras	
Pagamento de salários	
Pagamento de juros	
Fluxo de Caixa Operacional	

ATIVIDADES OPERACIONAIS: *MÉTODO INDIRETO*	
Lucro líquido	
(+) Provisão devedores duvidosos	
(+) Despesas de depreciação	
(+) Provisão perda recuperabilidade	
(–) Resultado venda de investimento	
Lucro líquido ajustado	
(–) Aumento de duplicatas a receber	
(+) Redução de estoques	
(–) Redução de fornecedores	
(–) Redução de juros a pagar	
(–) Redução de salários a pagar	
(+) Aumento de IR a pagar	
Fluxo de Caixa Operacional	

ATIVIDADES DE INVESTIMENTO:	
Venda de investimento	
Fluxo de Caixa de Investimento	

ATIVIDADES DE FINANCIAMENTO:	
Financiamento: Pagamento principal	
Pagamento de dividendos	
Fluxo de Caixa de Financiamento	

FLUXO DE CAIXA LÍQUIDO	
Saldo Inicial de Caixa	
Saldo Final de Caixa	

CASO 10 • Serviços do Nordeste S/A

A empresa Serviços do Nordeste S/A é uma Sociedade Anônima de Capital Fechado, ou seja, suas ações não são negociadas em bolsa de valores.

Conforme estabelecido na Lei n. 11.638/2007, *"a companhia fechada com patrimônio líquido, na data do balanço, inferior a R$ 2.000.000,00 (dois milhões de reais) não será obrigada à elaboração e publicação da demonstração dos fluxos de caixa"*.

Sendo assim, a empresa Serviços do Nordeste S/A apresentou dois importantes relatórios, conforme demonstrado a seguir:

BALANÇO PATRIMONIAL	31/12/2011	31/12/2010
Ativo Circulante	***103.000***	***150.000***
Caixa	13.000	10.000
Duplicatas a Receber	93.000	144.000
(-) Provisão para Devedores Duvidosos	(3.000)	(4.000)
Ativo Não Circulante	***80.000***	***50.000***
Terrenos	80.000	50.000
TOTAL DO ATIVO	**183.000**	**200.000**
Passivo Circulante	***76.000***	***45.000***
Contas a pagar	70.000	40.000
Provisão para Imposto de Renda	6.000	5.000
Passivo Não Circulante	***20.000***	***50.000***
Empréstimos	20.000	50.000
Patrimônio Líquido	***87.000***	***105.000***
Capital	70.000	70.000
Reservas de Lucros	17.000	35.000
TOTAL DO PASSIVO	**183.000**	**200.000**

DRE (2011)	
Receita de Serviços	**350.000**
Despesas Administrativas	(270.000)
Despesas Financeiras	(30.000)
Devedores Duvidosos	(3.000)
Provisão p/ Imposto de Renda	(6.000)
(=) Lucro Líquido do Período	**41.000**

Investidores de um fundo de investimento demonstraram grande interesse na aquisição da empresa Serviços do Nordeste S/A. Contudo, para realizar uma avaliação mais correta do negócio, eles necessitam de algumas informações oriundas da demonstração dos fluxos de caixa.

As informações que os referidos investidores buscam são:

1) Qual o saldo do fluxo de caixa da atividade operacional de 2011?

2) Qual o saldo do fluxo de caixa da atividade de investimentos de 2011?

3) Qual o saldo do fluxo de caixa da atividade de financiamentos de 2011?

Sendo assim, prepare a Demonstração dos Fluxos de Caixa de 2011 da empresa Serviços do Nordeste S/A.

Parte III

INTRODUÇÃO À ANÁLISE ECONÔMICO-FINANCEIRA DE EMPRESAS

Capítulo 6

ANÁLISE DE DEMONSTRAÇÕES CONTÁBEIS

OBJETIVOS DO CAPÍTULO

- Abordar de modo introdutório o processo de análise das demonstrações contábeis, especialmente do Balanço Patrimonial e da Demonstração do Resultado.
- Orientar como proceder na análise vertical e horizontal das demonstrações contábeis.
- Explicar o processo de análise por meio dos índices de liquidez; de rentabilidade; de estrutura de capital e endividamento; de prazos médios e de ciclo (operacional e caixa) e dos fluxos de caixa.

6.1 Introdução

Como vimos no Capítulo 1 deste livro, uma vez que as informações contábeis elaboradas pelas empresas devem ser úteis aos seus diversos usuários (investidores, credores e demais interessados), algumas questões relevantes precisam ser respondidas com base nas demonstrações contábeis:

QUAL O RETORNO?

QUAL A SITUAÇÃO FINANCEIRA?

QUAL A SITUAÇÃO PATRIMONIAL?

Ao realizarmos a análise das demonstrações contábeis, precisamos retomar estas questões, procurando entender as relações existentes entre elas, para formarmos uma opinião sobre os negócios de uma determinada empresa.

Como o processo de análise é essencialmente baseado em comparação, necessitamos nos certificar sobre a autenticidade e relevância das informações para que possamos lidar com dados que sejam efetivamente comparáveis. Assim, as demonstrações contábeis precisam ser ajustadas para se poder analisar seus conteúdos de forma homogênea. Este seria o primeiro passo na análise.

As comparações deverão ser feitas sobre a evolução dos indicadores da própria empresa ao longo do tempo e da empresa com outras empresas. Para tanto é importante relacionar os dados com o contexto social, político e econômico, no qual se encontra inserida a empresa em análise. Além dos indicadores de natureza financeira, também é importante em muitos casos utilizar outros indicadores de natureza mais qualitativa, tanto interna como externa (êxito na inovação, satisfação dos clientes, clima de trabalho etc.).

Internamente, deverão ser confeccionados relatórios que possibilitem a identificação de resultados de departamentos, divisões, linhas de produto, regiões etc., de modo que sejamos capazes de identificar as causas ou motivos dos resultados obtidos.

Externamente, temos que nos valer de publicações especializadas, bancos de dados, informações sobre clientes e concorrentes potenciais, atuais e futuros, não somente do país ou região onde se encontra localizada a empresa, mas de outros países ou regiões para os quais os negócios possam ser realizados.

Outro aspecto importante a ser considerado na análise é a utilização de indicadores isolados. Os índices traduzem relações ou proporções entre os componentes mensurados e, por si sós, têm pouco significado. Ao se analisar a liquidez ou solvência de uma empresa, por exemplo, temos que obter informações adicionais sobre lucratividade, faturamento, dados do passado, projeções para o futuro etc., ou seja, o conjunto de indicadores é que permitirá termos uma ideia sobre o objeto da análise e não os indicadores separados. Qual o significado de um índice de liquidez corrente (Ativo Circulante/Passivo), igual a 1,7 ou 1,4, sem outras informações adicionais?

Alguns cuidados devem ser tomados quando são utilizados índices ou percentagens que podem medir relações entre os números que representam os saldos de determinadas contas classificadas nas demonstrações contábeis, como por exemplo: a relação entre 18.000/10.000 que pode ser demonstrada como 180% ou 1,8. Estes índices podem ser usados para comparar relações de um componente com outro do mesmo Balanço ou itens de Balanços diferentes.

É importante observar que os aumentos ou diminuições nos componentes somente podem ser considerados quando a base de comparação é positiva. Não faz sentido calcular percentagem de algo que não existia com o que existe hoje. Exemplos: Contas a pagar com saldo zero em 2013 com Contas a Pagar com saldo 1.000 no Balanço de 2014; Prejuízo em 2013 com lucro em 2014.

Finalmente, além dos indicadores que são construídos, representando as diversas relações entre os componentes das demonstrações contábeis, também é importante obter outras informações relacionadas a tendências, índices de inflação, dados projetados de crescimento, dentre outros fatores, para realizar uma análise mais completa da situação econômico-financeira de uma empresa.

6.2 Principais tipos de análise das demonstrações contábeis

Agora vamos discutir os principais tipos de análise das demonstrações contábeis. Por se tratar de assunto amplo, concentraremos a atenção somente nos indicadores mais usuais, procurando destacar as vantagens e desvantagens dos mesmos, assim como das limitações inerentes ao processo de análise.

Podemos sintetizar os principais tipos de análise das demonstrações contábeis em três grandes grupos:

1. **Análise vertical e horizontal**: a análise vertical consiste na determinação do % de cada conta ou grupo de contas em relação ao seu conjunto, enquanto que na análise horizontal o objetivo é demonstrar o desempenho de cada conta ou grupo de contas ao longo de vários períodos.

2. **Análise através de índices**: é o estudo da relação entre contas ou grupos de contas das demonstrações contábeis e financeiras.

3. **Comparação com padrões**: consiste na comparação dos índices extraídos das demonstrações da empresa analisada com os padrões obtidos através do comportamento de um grupo de entidades do mesmo setor.

Vejamos os quadros a seguir para obter um melhor entendimento da Análise Vertical (AV), bem como da Análise Horizontal (AH):

QUADRO 6.1
Análise Vertical e Horizontal do Balanço Patrimonial

GRUPOS	X1	AH	AV%	X2	AH	AV%	X3	AH	AV%
AC	100.000	100	**17,8**	110.000	**110**	**16,1**	95.000	**95**	**13**
AñC: RLP	160.000	100	**28,6**	184.000	**115**	**26,9**	192.000	**120**	**26,2**
AñC: Fixo	300.000	100	**53,6**	390.000	**130**	**57**	445.000	**148,3**	**60,8**
TOTAL	560.000	100	**100**	684.000	**122,1**	**100**	732.000	**130,7**	**100**
PC	70.000	100	**12,5**	90.300	**129**	**13,2**	106.400	**152**	**14,5**
PñC	150.000	100	**26,8**	200.000	**133,3**	**29,2**	235.000	**156,7**	**32,1**
PL	340.000	100	**60,7**	393.700	**115,8**	**57,6**	390.600	**114,9**	**53,4**

Onde:

AC = Ativo Circulante

AñC: RLP = Ativo não Circulante: Realizável a Longo Prazo

AñC: Fixo = É o somatório dos demais grupos do Ativo não Circulante (Investimentos, Imobilizado e Intangível) que a empresa não tem intenção de venda (Ativo Fixo)

PC = Passivo Circulante

PñC = Passivo não Circulante

PL = Patrimônio Líquido

TOTAL = É o valor total do ativo, que, por sua vez, sempre será igual ao valor total do passivo + patrimônio líquido

QUADRO 6.2
Análise Vertical e Horizontal da Demonstração do Resultado

DRE	X1	AH	AV%	X2	AH	AV%	X3	AH	AV%
Vendas	830.000	100	**100**	1.260.000	**151,8**	**100**	2.050.000	**247**	**100**
CMV	(524.167)	100	**63,2**	(840.500)	**160,3**	**66,7**	(1.594.600)	**304.2**	**77,8**
Lucro Bruto	305.833	100	**36,8**	419.500	**137,2**	**33,3**	455.400	**148,9**	**22,2**
Desp. Gerais	(139.500)	100	**16,8**	(190.000)	**136,2**	**15,1**	(277.500)	**198,9**	**13,5**
Desp. Fin.	(88.000)	100	**10,6**	(140.000)	**159,1**	**11,1**	(186..000)	**211,4**	**9,1**
Res. Antes do IR/CSSL	78.333	100	**9,4**	89.500	**114,3**	**7,1**	(8.100)	**(10,34)**	**(0,4)**
IR/CSSL	(31.333)	100	**3,8**	(35.800)	**114,3**	**2,8**	–	–	–
LL	47.000	100	**5,6**	53.700	**114,3**	**4,3**	(8.100)	**(17,2)**	**(0,4)**

Onde:

Vendas = Receitas líquidas de vendas (ou vendas líquidas)

CMV = Custo das mercadorias vendidas (ou custo dos produtos vendidos – CPV)

Lucro Bruto = Vendas – CMV (ou margem bruta)

Desp. Gerais = Despesas gerais que podem ser segregadas em despesas administrativas, comerciais, depreciação etc.

Desp. Fin. = Despesas financeiras que também podem ser agrupadas como resultado financeiro líquido (saldo do confronto entre despesas e receitas financeiras)

IR/CSSL = Corresponde ao valor do imposto de renda mais a contribuição social sobre o lucro (impostos incidentes sobre o lucro)

LL = Lucro líquido

Percebe-se nos dois quadros (6.1 e 6.2) que a Análise Vertical (AV) é apresentada em valores percentuais (%). Para tanto, foram calculados os percentuais de cada conta patrimonial e do resultado em relação a um **valor base**.

Na Análise Vertical (AV%) do Balanço Patrimonial, deve-se calcular o percentual da conta ou grupo de contas em relação ao **Total do Ativo** (ou Total do Passivo + PL). Já na Demonstração do Resultado (DRE) o valor base deve ser as **Vendas Líquidas**.

Sendo assim, a análise vertical tem como objetivo demonstrar a representatividade de um item em relação a um grupo ou total de contas classificadas nas demonstrações contábeis. Podemos ter interesse em mostrar quanto representa o Ativo Circulante em relação ao total do Ativo, ou de cada componente da demonstração do resultado (DRE) em relação ao total das vendas líquidas de um determinado período.

Por outro lado, a Análise Horizontal (AH) tem como base a evolução de cada conta (ou grupo de contas) com uma série de demonstrações contábeis em relação à demonstração anterior ou a uma demonstração básica, geralmente mais antiga. Nesse caso, pode-se utilizar a **técnica dos números índices** em que no primeiro ano todos os valores são considerados iguais a 100. Através de uma regra de três simples obtêm-se os valores dos anos seguintes, a variação é o que exceder ou o que faltar para 100. Desta forma, a Análise Horizontal pode ser entendida como uma análise das variações dos saldos das contas patrimoniais e de resultado ao longo do tempo.

A análise horizontal apresentada nos dois quadros (6.1 e 6.2) estabeleceu o primeiro ano como base (100), demonstrando a evolução dos saldos das contas ao longo dos períodos sempre em relação a essa base inicial. Contudo, também poderia ser feita uma análise horizontal tendo como base o período imediatamente anterior, caso o interesse seja analisar somente a evolução dos saldos em relação a um período.

Um possível problema na análise horizontal é que os saldos são normalmente expressos em valores nominais (sem o efeito do valor do dinheiro no tempo). Assim, a comparação ao longo dos períodos pode ficar prejudicada, pois poderemos constatar aumentos ou diminuições em termos percentuais ou em índices, que não teriam um significado adequado sem levar em consideração a inflação ou uma taxa que represente o valor do dinheiro no tempo. O mais correto em termos de análise seria transformar os itens em termos do mesmo poder aquisitivo, ou seja, corrigido monetariamente.

A partir de agora vamos abordar a **análise através de índices.**

Índice pode ser entendido como a relação entre contas ou grupo de contas das demonstrações contábeis, que visa evidenciar determinado aspecto da situação financeira e econômica de uma empresa.

Em linhas gerais, os índices empregados numa análise clássica das demonstrações contábeis podem ser classificados da seguinte forma:

- **Índices de liquidez**
- **Índices de rentabilidade**
- **Índices de estrutura de capital e endividamento**
- **Índices de prazos médios e de ciclo (operacional e caixa)**
- **Índices dos fluxos de caixa**

Antes de iniciarmos as explicações em torno desses índices, torna-se necessário alertar para o fato de que o mais importante no processo de análise das demonstrações contábeis não é a quantidade de índices que você pode calcular, mas o desafio reside em saber escolher e definir o conjunto de índices que realmente sejam relevantes e pertinentes para atingir o objetivo específico da sua análise.

Por exemplo, se a análise através de índices tem como objetivo subsidiar a decisão de oferta de crédito de curto prazo para uma empresa, certamente os aspectos a serem analisados não serão exatamente os mesmos de uma decisão em torno da liberação de um financiamento a longo prazo com dois anos de carência para o pagamento da primeira prestação. Além disso, muitas decisões com base nesses índices não são para oferecer créditos ou financiamentos, mas para saber se vale a pena ser sócio ou acionista da empresa, por meio da aquisição de quotas ou ações que formam o capital social. Logo, um investidor ou fundo de investimentos que tem o objetivo de comprar uma participação societária não deve pautar suas decisões nos mesmos índices que uma instituição financeira que busca fornecer créditos e financiamentos.

LEMBRE-SE

Quanto maior o número de índices utilizados, mais facilmente você poderá perder o foco da sua análise.

Índices de Liquidez

Os índices de liquidez buscam evidenciar a **situação financeira** da empresa, estabelecendo relações entre grupos de contas do balanço patrimonial que tenham condições de apontar principalmente a capacidade de pagamento, isto é, eles indicam se a empresa será capaz de honrar seus compromissos financeiros.

Entretanto, os índices de liquidez apenas fazem uma comparação entre ativos que possuem potencial de realização em dinheiro com passivos que normalmente irão gerar desembolsos para a empresa, ou seja, esses índices não comparam entradas e saídas efetivas de dinheiro nem verificam de modo preciso a relação entre os prazos de recebimentos e pagamentos. Em função dessa característica, é possível acontecer de uma empresa com índices de liquidez favoráveis necessitar de caixa por causa de um descasamento entre os prazos de recebimentos de suas vendas e pagamentos de suas compras. Esse assunto será retomado nos índices de prazos médios e de ciclo (operacional e caixa).

O Quadro 6.3 apresenta uma síntese dos principais índices de liquidez calculados a partir das demonstrações contábeis.

QUADRO 6.3
Índices de Liquidez

ÍNDICES	COMO CALCULAR?	COMO INTERPRETAR?
Liquidez Geral (LG)	$LG = \frac{AC + ARLP}{PC + PñC}$	Verifica se a empresa tem solidez financeira suficiente para cobrir os compromissos de curto e longo prazo, confrontando todos os ativos com potencial de realização em dinheiro (AC + ARLP) e todas as obrigações com terceiros (PC + PñC). ***Quanto maior, melhor.***
Liquidez Corrente (LC)	$LC = \frac{AC}{PC}$	Revela a capacidade financeira da empresa para cumprir os seus compromissos de curto prazo (normalmente um ano). Por isso, somente faz o confronto de AC com PC. Logo, pode ser entendido como uma versão proporcional do Capital Circulante Líquido (CCL = AC – PC). ***Quanto maior, melhor.***
Liquidez Seca (LS)	$LS = \frac{AC\ Líquido}{PC}$	Verifica se o ativo circulante líquido é suficiente para saldar os compromissos de curto prazo (PC). AC Líquido não inclui as contas de estoques, despesas pagas antecipadamente e outros itens do ativo circulante de difícil realização em dinheiro. ***Quanto maior, melhor.***
Liquidez Imediata (LI)	$LI = \frac{Disponibilidade}{PC}$	Verifica se as disponibilidades são suficientes para saldar os compromissos de curto prazo (PC). Assim, é o índice mais rigoroso para avaliação da liquidez de uma empresa, pois utiliza somente o caixa mais equivalentes de caixa. ***Quanto maior, melhor.***

Onde: AC = Ativo Circulante
ARLP = Ativo Realizável a Longo Prazo
PC = Passivo Circulante
PñC = Passivo não Circulante
AC Líquido = Ativo Circulante – Estoques – Despesas Pagas Antecipadamente – Outros itens do ativo circulante de difícil realização em dinheiro
Disponibilidades = Caixa + Equivalentes de Caixa

Por fim, cabe ressaltar que índices muito elevados de liquidez nem sempre significam uma boa gestão financeira da empresa, pois nos casos onde se verifica muito recurso financeiro sem ser utilizado (dinheiro parado em caixa e equivalentes de caixa) pode indicar uma certa deficiência (ou ineficiência) em alocar os recursos financeiros em projetos que sejam capazes de gerar uma maior rentabilidade para os negócios desenvolvidos pela empresa.

Índices de Rentabilidade

Os índices de rentabilidade sempre giram em torno do **lucro (ou renda)** obtido por uma empresa em determinado período, isto é, buscam mensurar o **retorno** do ponto de vista econômico. Normalmente esses índices buscam relacionar o Lucro Líquido (LL) com outra variável que seja relevante para se medir o desempenho ou *performance*: Receitas Líquidas, Ativo e Patrimônio Líquido. Além do Lucro Líquido (LL), outros indicadores de retorno também podem ser utilizados, tais como: Lucro Bruto (LB), Lucro Operacional (LO), EBITDA (ou LAJIDA) e EBIT (ou LAJIR).

O Quadro 6.4 apresenta uma síntese dos principais índices de rentabilidade calculados a partir das demonstrações contábeis.

QUADRO 6.4
Índices de Rentabilidade

ÍNDICES	COMO CALCULAR?	COMO INTERPRETAR?
Margem Bruta (MB)	$MB = \frac{LB}{RL}$	Relaciona o Lucro Bruto (LB) e a Receita Líquida (RL), com objetivo de evidenciar o percentual de margem bruta das vendas. Vale lembrar que LB = RL – CMV. ***Quanto maior, melhor.***

ÍNDICES	COMO CALCULAR?	COMO INTERPRETAR?
Margem Líquida (ML)	$ML = \frac{LL}{RL}$	Relaciona o Lucro Líquido (LL) e a Receita Líquida (RL), com objetivo de evidenciar o percentual de margem líquida das vendas. Vale lembrar que LL é a última linha da demonstração do resultado. ***Quanto maior, melhor.***
Rentabilidade do Ativo (RA ou ROA)	$RA \text{ ou } ROA = \frac{LL}{\text{Ativo médio}}$	Indica o desempenho econômico global das aplicações de recursos de uma empresa em seus ativos. Evidencia o percentual de geração de lucro líquido de um determinado período em relação ao ativo médio da empresa (média aritmética do total do ativo no início e no final do período de apuração do lucro). Também é chamado de ROA (*Return on Assets*). ***Quanto maior, melhor.***
Rentabilidade do Patrimônio Líquido (RPL ou ROE)	$RPL \text{ ou } ROE = \frac{LL}{\text{PL médio}}$	Indica o desempenho do capital próprio investido pelos donos da empresa (sócios ou acionistas). Evidencia o percentual de geração de lucro líquido de um determinado período em relação ao patrimônio líquido médio da empresa (média aritmética do patrimônio líquido no início e no final do período de apuração do lucro). Essa taxa de rentabilidade obtida pelo capital próprio também é chamada de ROE (*Return on Equity*). ***Quanto maior, melhor.***

Onde: LL = Lucro Líquido
LB = Lucro Bruto
RL = Receita Líquida
Ativo médio = Média aritmética do total do ativo no início e no final do período
PL médio = Média aritmética do patrimônio líquido no início e no final do período

As margens (bruta e líquida) calculadas por uma empresa são indicadores que dificilmente podemos afirmar se é alto ou baixo, sem antes analisar as características dos negócios desenvolvidos pela empresa. Isso ocorre pelo fato dessas margens serem altamente influenciadas pelo segmento de mercado. Por exemplo, uma empresa que atua no setor varejista normalmente terá uma margem mais apertada do que as empresas que atuam em atividades de serviços profissionais (consultorias, auditorias etc.).

Já nos casos dos indicadores de rentabilidade do ativo e do patrimônio líquido (ROA e ROE) podemos utilizar outros parâmetros de comparabilidade que não o setor em que a empresa atua. Vamos supor que uma determinada empresa tenha obtido uma rentabilidade do patrimônio líquido de 18% (dezoito por cento). Os donos da empresa (sócios ou acionistas) podem comparar essa taxa de retorno do seu capital próprio com outros parâmetros de mercado, como a taxa de juros (uma boa referência pode ser a Taxa Selic calculada pelo Banco Central do Brasil). Considerando que a Taxa Selic do ano seja 10%, os donos da empresa em que o ROE foi de 18% obtiveram um retorno de 8% acima desse parâmetro de taxa de juros. Isso pode ser bom ou ruim dependendo da expectativa de retorno dos sócios ou acionistas que investiram nesta empresa e estão correndo um risco bastante superior ao custo de oportunidade de 10%, que nesse caso seria a aplicação do capital próprio em títulos públicos do governo federal com remuneração baseada na Taxa Selic.

Neste livro sugerimos o uso do Ativo médio (média aritmética do total do ativo no início e no final do período), bem como do PL médio (média aritmética do patrimônio líquido no início e no final do período), pois levamos em consideração que o Lucro Líquido apurado não diz respeito a uma data específica, mas a um período que tem uma data inicial e final. Portanto, os dados do Ativo e PL médio melhor representam possíveis mudanças ocorridas ao longo do período em que o Lucro foi apurado. Contudo, não existe uma unanimidade em relação ao emprego do Ativo e PL médio, sendo que alguns analistas preferem utilizar os valores iniciais do Ativo e do PL, pois entendem que esse procedimento seria o mais correto para mensurar a rentabilidade do período.

Índices de Estrutura de Capital e Endividamento

Os índices de estrutura de capital e endividamento buscam evidenciar a **situação patrimonial** da empresa, estabelecendo relações entre grupos de contas do balanço patrimonial que tenham condições de apontar como a empresa estrutura os seus capitais próprios e de terceiros, bem como gerencia seu endividamento e alavancagem.

O Quadro 6.5 apresenta uma síntese dos principais índices de estrutura de capital e endividamento calculados a partir das demonstrações contábeis.

QUADRO 6.5
Índices de Estrutura de Capital e Endividamento

ÍNDICES	COMO CALCULAR?	COMO INTERPRETAR?
Grau de Endividamento (GE)	$GE = \frac{PC + PñC}{PL}$	Revela quanto a empresa utiliza de capitais de terceiros (PC + PñC) em relação ao capital próprio (PL) investido pelos donos da empresa (sócios ou acionistas). Esse índice também é chamado de participação de capital de terceiros ou grau de alavancagem. ***Normalmente, quanto menor, melhor.***
Endividamento Geral (EG)	$EG = \frac{PC + PñC}{Ativo}$	Revela quanto a empresa utiliza de capitais de terceiros (PC + PñC) em relação ao total de recursos aplicados no seu Ativo. Sendo assim, esse índice irá apontar o grau de endividamento total da empresa, ou seja, a proporção de recursos de terceiros que financiam o Ativo. ***Normalmente, quanto menor, melhor.***

ÍNDICES	COMO CALCULAR?	COMO INTERPRETAR?
Composição do Endividamento (CE)	$CE = \frac{PC}{PC + PñC}$	Revela quanto a empresa possui de obrigações de curto prazo (PC) em relação ao total de capitais de terceiros (PC + PñC). Logo, esse índice irá apontar a proporção de dívidas que vencem no prazo de até um ano, comparado às dívidas totais. ***Normalmente, quanto menor, melhor.***
Imobilização do Patrimônio Líquido (IPL)	$IPL = \frac{Ativo\ Fixo}{PL}$	Revela a proporção entre o somatório dos grupos do Ativo que a empresa não tem intenção de venda ou realização em dinheiro (Investimentos, Imobilizado e Intangível), também denominado de Ativo Fixo ou Permanente, em relação ao capital próprio (PL) investido pelos donos da empresa (sócios ou acionistas). ***Normalmente, quanto menor, melhor.***
Onde: PC = Passivo Circulante PñC = Passivo não Circulante PL = Patrimônio Líquido Ativo = Valor total do Ativo Ativo Fixo = É o somatório dos grupos do Ativo que a empresa não tem intenção de venda ou realização em dinheiro (= Investimentos + Imobilizado + Intangível)		

É extremamente importante destacar que a interpretação ***"Normalmente, quanto menor, melhor"*** para os índices de estrutura de capital e endividamento deve ser entendida sob diferentes perspectivas. Na perspectiva financeira, quanto menor for o endividamento, menor será o risco que a empresa irá oferecer aos credores e financiadores de suas atividades (isto é, aqueles que fornecem capital de terceiros). Por outro lado, na perspectiva do uso da alavancagem financeira para obtenção de lucros sem precisar capitalizar a empresa com recursos próprios (de sócios e acionistas), torna-se muitas vezes interessante e recomendável operar com maior endividamento, desde que o custo financeiro (despesas financeiras) cobrado pelo capital de terceiros (PC + PñC) não seja elevado, especialmente quando a rentabilidade dos negócios desenvolvidos pela empresa estiver em patamar bem superior aos juros cobrados pelo capital de terceiros.

Desta forma, podemos concluir que o sucesso está na gestão adequada e coerente da estrutura de capital, assim como do endividamento da empresa. A qualidade da dívida, com encargos financeiros reduzidos, aliado ao uso do dinheiro em projetos que sejam rentáveis, é o que deve nortear e fundamentar as análises da situação patrimonial de uma empresa.

Índices de Prazos Médios e de Ciclo (Operacional e Caixa)

Os índices de prazos médios e de ciclo (operacional e caixa) buscam evidenciar a gestão do capital de giro[1] da empresa, que aliado às análises dos índices de liquidez abordados anteriormente, pode ser uma ferramenta alternativa para reforçar os entendimentos em torno da **situação financeira** da empresa.

Diferentemente dos demais indicadores abordados até o momento, os índices de prazos médios e de ciclo (operacional e caixa) serão medidos em número de dias, por isso os cálculos dos prazos médios sempre são multiplicados por 360 (*proxy* do número de dias referente a um ano).

Um fator de limitação em torno do cálculo desses índices de prazos médios e de ciclo (operacional e caixa) reside na disponibilidade de dados que os usuários externos das demonstrações contábeis terão quando forem calcular esses indicadores. Diante da ausência de alguns dados, como o valor das compras do período, soluções arbitrárias normalmente são realizadas (por exemplo, utilizar o custo da mercadoria vendida – CMV como alternativa).

---

[1] Capital de giro pode ser definido como a diferença entre os itens do ativo circulante aplicados na atividade operacional da empresa e os itens do passivo circulante que financiam essa atividade operacional. Contudo, outras definições poderão ser encontradas na literatura que aborda esse assunto.

O Quadro 6.6 apresenta uma síntese dos principais índices de prazos médios e de ciclo (operacional e caixa) calculados a partir das demonstrações contábeis.

QUADRO 6.6
Índices de Prazos Médios e de Ciclo (Operacional e Caixa)

ÍNDICES	COMO CALCULAR?	COMO INTERPRETAR?
Prazo Médio de Renovação de Estoques (PMRE)	$PMRE = 360 \times \frac{E}{CMV}$	Revela quantos dias, em média, uma empresa leva para vender os seus estoques. Então, corresponde ao tempo decorrido entre a compra e a venda de mercadorias (no caso de empresa comercial), incluindo o prazo de produção (no caso de empresa industrial). ***Quanto menor, melhor.***
Prazo Médio de Recebimento de Vendas (PMRV)	$PMRV = 360 \times \frac{Clientes}{V}$	Revela quantos dias, em média, uma empresa leva para receber dos seus clientes nas vendas a prazo. Então, corresponde ao tempo decorrido entre a data da venda a prazo e o efetivo recebimento. ***Quanto menor, melhor.***
Prazo Médio de Pagamento de Compras (PMPC)	$PMPC = 360 \times \frac{F}{C}$	Revela quantos dias, em média, uma empresa leva para pagar os seus fornecedores nas compras a prazo. Então, corresponde ao tempo decorrido entre a data da compra a prazo e o efetivo pagamento. ***Quanto maior, melhor.***
Ciclo Operacional (CO)	CO = PMRE + PMRV	Revela quantos dias, em média, uma empresa leva para vender os seus estoques e receber dos seus clientes pelas vendas a prazo. Então, corresponde ao tempo decorrido entre a data da compra das mercadorias e insumos e o efetivo recebimento em dinheiro pelas vendas. ***Quanto menor, melhor.***

ÍNDICES	COMO CALCULAR?	COMO INTERPRETAR?
Ciclo de Caixa (CC)	CC = CO – PMPC	Revela quantos dias, em média, uma empresa precisa financiar o seu ciclo operacional. Por isso, corresponde à diferença entre o período do Ciclo Operacional (CO) e o Prazo Médio de Pagamento de Compras (PMPC). Isso significa que a empresa precisa utilizar outros recursos que vão além dos fornecedores para financiar seu capital de giro. ***Quanto menor, melhor.***
Onde: E = Saldo de Estoques CMV = Custo das Mercadorias Vendidas Clientes = Saldo de Clientes (ou contas a receber de clientes) V = Valor total das Vendas do período F = Saldo de Fornecedores (ou contas a pagar aos fornecedores) C = Valor total das Compras do período (caso essa informação não esteja disponível, pode-se utilizar o CMV como alternativa)		

A Figura 6.1 apresentada a seguir ilustra essa dinâmica do ciclo operacional e do ciclo de caixa, a partir dos cálculos dos prazos médios.

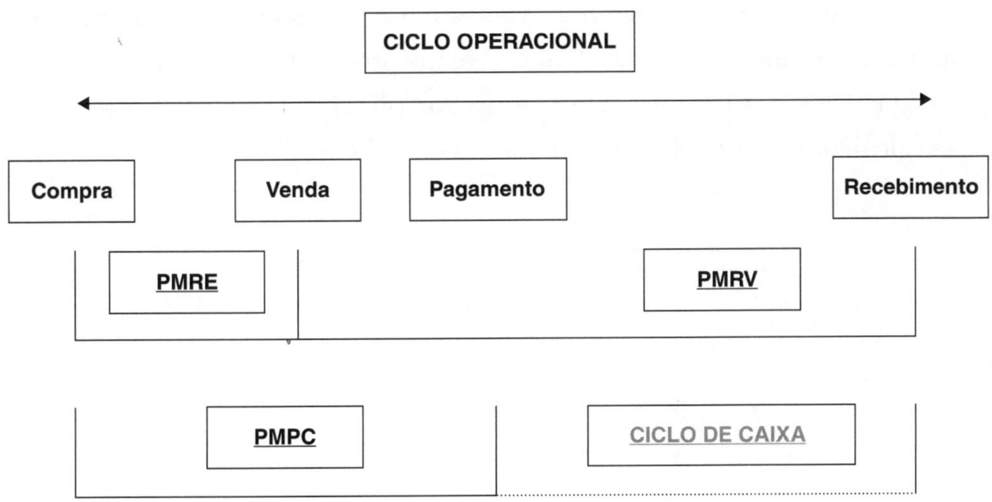

Figura 6.1 Ilustração do Ciclo Operacional e de Caixa

Em suma, podemos dizer que o ciclo operacional de uma empresa será composto tanto pelo período de estocagem, quanto pelo tempo que leva para receber por suas vendas. Logo, quanto menor for o Prazo Médio de Renovação de Estoques (PMRE) e o Prazo Médio de Recebimento de Vendas (PMRV), melhor será para o Ciclo Operacional (CO), dado que a empresa conseguirá transformar estoques em caixa em menor tempo. Isso faz com que a capacidade de pagamento da empresa fique melhor, além de propiciar uma menor necessidade de capital de giro proveniente de terceiros. Por outro lado, quanto maior o Prazo Médio de Pagamento de Compras (PMPC), melhor será para o Ciclo de Caixa (CC), pois ele será reduzido e, com isso, menor será a quantidade de recursos próprios e de terceiros que a empresa necessitará aplicar em suas operações, propiciando um menor custo financeiro e uma maior rentabilidade.

Índices dos Fluxos de Caixa

Os índices dos fluxos de caixa, como você já pode imaginar, são extraídos de informações da Demonstração dos Fluxos de Caixa – DFC. Diferentemente dos índices anteriores, não serão utilizados nesse caso somente as informações oriundas do Balanço Patrimonial ou da Demonstração do Resultado.

O Quadro 6.7 apresenta uma síntese dos principais índices dos fluxos de caixa calculados a partir das demonstrações contábeis.

QUADRO 6.7
Índices dos Fluxos de Caixa

ÍNDICES	COMO CALCULAR?	COMO INTERPRETAR?
Capacidade de Pagamento de Dividendos (CPD)	$CPD = \frac{FCO}{Dividendos}$	Indica se a geração operacional líquida de caixa, proveniente do fluxo de caixa das atividades operacionais, é suficiente para pagar as distribuições do lucro e os dividendos que são propostos. ***Quanto maior, melhor.***
Retorno do Caixa Operacional (RCO)	$RCO = \frac{FCO}{PL\ médio}$	Indica o desempenho da geração operacional líquida de caixa, proveniente do fluxo de caixa das atividades operacionais, em relação ao capital próprio investido pelos donos da empresa (sócios ou acionistas). Utiliza-se nesse caso o patrimônio líquido médio da empresa (média aritmética do patrimônio líquido no início e no final do período de apuração do lucro). ***Quanto maior, melhor.***
Retorno do Caixa (RC)	$RC = \frac{FC}{PL\ médio}$	Indica o desempenho da geração líquida de caixa, proveniente das três atividades (operacionais, investimentos e financiamentos), em relação ao capital próprio investido pelos donos da empresa (sócios ou acionistas). Utiliza-se nesse caso o patrimônio líquido médio da empresa (média aritmética do patrimônio líquido no início e no final do período de apuração do lucro). ***Quanto maior, melhor.***
Onde: FCO = Fluxo de caixa das atividades operacionais FC = Fluxo de caixa das três atividades (operacionais, investimentos e financiamentos) Dividendos = Corresponde ao valor dos dividendos distribuídos e propostos PL médio = Média aritmética do patrimônio líquido no início e no final do período		

Considerações finais sobre os Índices

Como se pode perceber ao longo das explicações em torno da utilização de índices na análise das demonstrações contábeis, a construção e o uso de um determinado indicador irá sempre depender do interesse do analista em determinado conjunto de informações que possam proporcionar um maior conhecimento sobre os negócios de empresas, e, desta forma, tentar responder algumas questões desafiadoras, tais como:

- Comprar ações ou quotas do capital social da empresa é um bom investimento?
- Conceder crédito para a empresa é um bom negócio?
- Como avaliar a gestão econômica e financeira da empresa?

Como trata-se de indicadores, proporções, relações etc., deverão ser examinadas as características do numerador e do denominador da fração para nos certificarmos que estamos comparando coisas homogêneas e que fazem algum sentido do ponto de vista da análise desejada.

Para um analista interno (que atua dentro da empresa) a análise pode ser bastante facilitada porque ele irá dispor de dados detalhados sobre o patrimônio, o resultado e o caixa da empresa, que muitas vezes não se encontram disponíveis para os analistas externos (investidores, credores e outros analistas que estão fora da empresa), que somente têm acesso aos dados publicados ou divulgados por meio das demonstrações contábeis, que normalmente são complementados com informações oriundas de outras fontes.

Outra grande dificuldade para o analista externo é que, na maior parte das vezes, ele não dispõe de informações sobre determinados itens que não são apresentados nas demonstrações contábeis (ou que podem ser apresentados de forma muito resumida), mas que são muito relevantes para o entendimento sobre as potencialidades da empresa, como, por exemplo, os ativos intangíveis (marcas, patentes, sistemas, desenvolvimento de recursos humanos, capital humano etc.). Desta forma, temos que ser muito cautelosos ao utilizar somente estes índices extraídos das demonstrações contábeis para avaliar os riscos e benefícios envolvidos em um determinado negócio ou empresa.

Por fim, precisamos destacar o fato de que a análise das demonstrações contábeis através de índices somente será efetiva e consistente quando for possível comparar os indicadores obtidos numa determinada empresa com **padrões**, normalmente extraídos de uma média setorial ou de um grupo de empresas com características similares. Para facilitar esse processo de comparação com padrões, podem ser utilizados alguns sistemas que são vendidos no mercado, tais como: Economatica® e Bloomberg®.

6.3 Exemplo: Negócios do Brasil S/A

A empresa pública **Negócios do Brasil S/A** sempre busca bons fornecedores de produtos e serviços para realizar suas operações, com perspectivas de atender à legislação que trata do assunto, bem como evitar eventuais problemas relacionados com a situação econômico-financeira de suas empresas fornecedoras.

Um determinado **Fornecedor XYZ** apresentou o **Balanço Patrimonial** e a **Demonstração do Resultado** referentes aos últimos três anos, preparados pela contabilidade da empresa, conforme a seguir:

BALANÇO PATRIMONIAL	31/12/2010	31/12/2011	31/12/2012
ATIVO			
CIRCULANTE	**666.000**	**639.000**	**982.000**
Disponível	256.000	121.000	177.000
Clientes	267.000	336.000	432.000
Estoques	86.000	126.000	283.000
Outros Créditos	57.000	56.000	90.000
NÃO CIRCULANTE	**412.000**	**699.000**	**816.000**
Realizável a Longo Prazo	77.000	58.000	90.000
Investimentos	132.000	230.000	114.000
Imobilizado	179.000	214.000	334.000
Intangível	24.000	197.000	278.000
TOTAL DO ATIVO	**1.078.000**	**1.338.000**	**1.798.000**
PASSIVO			
CIRCULANTE	**386.000**	**455.000**	**646.000**
Fornecedores	230.000	255.000	263.000
Empréstimos	56.000	102.000	233.000
Outros	100.000	98.000	150.000
NÃO CIRCULANTE	**234.000**	**303.000**	**431.000**
Financiamentos	154.000	218.000	286.000
Outros	80.000	85.000	145.000
PATRIMÔNIO LÍQUIDO	**458.000**	**580.000**	**721.000**
Capital Social	192.000	192.000	242.000
Reservas de Lucros	266.000	388.000	479.000
TOTAL DO PASSIVO + PL	**1.078.000**	**1.338.000**	**1.798.000**

DEMONSTRAÇÃO DO RESULTADO	2010	2011	2012
RECEITA BRUTA	**1.703.000**	**1.616.000**	**1.963.000**
(-) Impostos sobre vendas	-333.000	-247.000	-305.000
RECEITA LÍQUIDA	**1.370.000**	**1.369.000**	**1.658.000**
(-) Custo dos produtos vendidos	-768.000	-717.000	-930.000
LUCRO BRUTO	**602.000**	**652.000**	**728.000**
(-) Despesas com venda	-315.000	-363.000	-450.000
(-) Despesas administrativas	-82.000	-86.000	-90.000
(-) Depreciação e Amortização	-55.000	-15.000	-4.000
(+) Receitas Financeiras	44.000	33.000	28.000
(-) Despesas Financeiras	-24.000	-14.000	-22.000
Lucro antes IR e CSLL	**170.000**	**207.000**	**190.000**
(-) Provisão do IR e CSLL	-43.000	-27.000	-17.000
LUCRO LÍQUIDO	**127.000**	**180.000**	**173.000**

1º DESAFIO

O gestor financeiro da empresa pública **Negócios do Brasil S/A**, após participar de um treinamento sobre contabilidade empresarial para não contadores, resolveu levantar as seguintes informações do Fornecedor XYZ, a partir de suas demonstrações contábeis:

	2011	2012
1) O valor do capital próprio		
2) O valor do capital de terceiros		
3) O valor da variação do capital circulante líquido		
4) O valor do EBITDA da empresa		
5) A liquidez corrente		
6) A liquidez seca		
7) O grau de endividamento		
8) A margem líquida (em percentual)		
9) A rentabilidade do patrimônio líquido (em percentual)		
10) O retorno obtido acima do custo de capital de 10% a.a.		

2º DESAFIO

Com base somente nessas informações, o gestor financeiro da empresa pública **Negócios do Brasil S/A** quer tentar responder às seguintes questões:

1) Como está a situação financeira da empresa no curto prazo?
2) Como está a situação financeira da empresa no longo prazo?
3) A empresa apresenta problemas de alavancagem?
4) A empresa apresenta um retorno econômico satisfatório para seus proprietários?
5) A empresa apresenta uma situação econômico-financeira adequada para fornecer produtos e serviços à empresa pública Negócios do Brasil S/A?

Proposta de Solução do Exemplo Didático
Negócios do Brasil S/A

1º Desafio

1.1 O valor do capital próprio

2011 **580.000,00**
2012 **721.000,00**

Capital próprio = PL

1.2 O valor do capital de terceiros

2011 **758.000,00**
2012 **1.077.000,00**

Capital de terceiros = PC e PNC

1.3 O valor da variação do capital circulante líquido

CCL10	666.000,00	–386.000,00	280.000,00
CCL11	636.000,00	–455.000,00	184.000,00
CCL12	982.000,00	–646.000,00	336.000,00

CCL	AC	PC

Variação 11	184.000,00	–280.000,00	**–96.000,00**
Variação 12	336.000,00	–184.000,00	**152.000,00**

1.4 O valor do EBITDA da empresa

2011	180.000,00	–33.000,00	14.000,00	27.000,00	15.000,00	**203.000,00**
2012	173.000,00	–28.000,00	22.000,00	17.000,00	4.000,00	**188.000,00**

Ano	LL	Rec. Fin	Desp. Fin	Impostos	Deprec/ Amort	EBITDA

1.5 Liquidez corrente

2011	639.000,00	455.000,00	**1,40**
2012	982.000,00	646.000,00	**1,52**

LC	AC	PC	(=) AC/PC

1.6 Liquidez seca

2011	639.000,00	–182.000,00	455.000,00	**1,00**
2012	982.000,00	–373.000,00	646.000,00	**0,94**

LS	AC	Esto.+O. Credi	PC	(=) AC Líquido / PC

1.7 Grau de Endividamento

2011	455.000,00	303.000,00	580.000,00	**1,31**
2012	646.000,00	431.000,00	721.000,00	**1,49**

GE	PC	PNC	PL	(=) (PC+PNC)/PL

1.8 Margem líquida

ML11	180.000,00	1.369.000,00	0,13	**13,15**
ML12	173.000,00	1.658.000,00	0,10	**10,43**

ML	LL	Rec. Líquida	(=) LL/Rec. Líquida

1.9 Rentabilidade do PL

2011	180.000,00	458.000,00	580.000,00	0,35	**34,68**
2012	173.000,00	580.000,00	721.000,00	0,27	**26,59**

RPL	LL	PL2010	PL2011	(=) LL/PL médio

1.10 Retorno acima do custo de capital

2011	34,68	(–) 10%	**24,68**
2012	26,359	(–) 10%	**16,59**

RPL (–) Custo Cap. (=) Retorno acima Custo Cap.

2º Desafio

2.1	O capital circulante líquido da empresa é positivo. A liquidez corrente apresenta bons índices apesar de a liquidez seca ter diminuído o valor, ele continua positivo. Logo, tudo indica que a empresa consegue quitar suas dívidas no curto prazo.

2.2	A empresa apresenta um grau de endividamento em que o capital de terceiros é maior que o capital próprio. No longo prazo, o valor a pagar (PñC) é menor do que a receber (ARLP). A empresa deverá estar atenta ao fluxo de entradas e saídas no longo prazo para honrar seus compromissos.

2.3	O grau de endividamento da empresa demonstra que ela trabalha com uma alavancagem dentro da normalidade. Contudo, boa parte do capital de terceiros é originada de empréstimos e financiamentos. O que pode acarretar juros, mas, no momento, não traz problema de alavancagem.

2.4	Sim, ela possui bons índices de rentabilidade sobre capital próprio, sendo bastante superior ao custo de capital estabelecido de 10% a.a.

2.5	Em geral, a empresa apresenta bons indicadores. Apenas sua liquidez no longo prazo que deve ser melhor controlada e avaliada. Mas, pelo menos a curto prazo, não existem problemas na contratação da empresa.

CASO 11 • Cia. Paulista do Varejo (Parte III)

Retorne ao caso da **Cia. Paulista do Varejo (Parte I)**, desenvolvido ao final do Capítulo 4. Com base nas informações disponibilizadas no caso, bem como na preparação do Balanço Patrimonial de 31/12/2014, da Demonstração do Resultado e da Demonstração dos Fluxos de Caixa de 2014, faça a análise por índices.

De modo mais detalhado, você deve calcular e analisar os seguintes índices para o ano de 2014:

ÍNDICES	FÓRMULA	CÁLCULO E ANÁLISE
Liquidez Geral	$LG = \frac{AC + ARLP}{PC + PñC}$	
Liquidez Corrente	$LG = \frac{AC}{PC}$	
Liquidez Seca	$LS = \frac{AC\ Líquido}{PC}$	
Liquidez Imediata	$LI = \frac{Disponibilidade}{PC}$	
Margem Bruta	$MB = \frac{LB}{RL}$	
Margem Líquida	$ML = \frac{LL}{RL}$	
Rentabilidade do Ativo	$ROA = \frac{LL}{Ativo\ médio}$	
Rentabilidade do Patrimônio Líquido	$ROE = \frac{LL}{PL\ médio}$	

ÍNDICES	FÓRMULA	CÁLCULO E ANÁLISE
Grau de Endividamento	$GE = \frac{PC + PñC}{PL}$	
Endividamento Geral	$EG = \frac{PC + PñC}{Ativo}$	
Composição do Endividamento	$CE = \frac{PC}{PC + PñC}$	
Imobilização do Patrimônio Líquido	$IPL = \frac{Ativo\ Fixo}{PL}$	
Prazo Médio de Renovação de Estoques	$PMRE = 360 \times \frac{E}{CMV}$	
Prazo Médio de Recebimento de Vendas	$PMRV = 360 \times \frac{Clientes}{V}$	
Prazo Médio de Pagamento de Compras	$PMPC = 360 \times \frac{F}{C}$	
Ciclo Operacional	CO = PMRE + PMRV	
Ciclo de Caixa	CC = CO – PMPC	
Capacidade de Pagamento de Dividendos	$CPD = \frac{FCO}{Dividendos}$	
Retorno do Caixa Operacional	$RCO = \frac{FCO}{PL\ médio}$	

ÍNDICES	FÓRMULA	CÁLCULO E ANÁLISE
Retorno do Caixa	$RC = \frac{FC}{PL\ médio}$	

CASO 12 • Cia. Beleza Pura

A **Cia. Beleza Pura** reportou as seguintes demonstrações contábeis:

BALANÇO PATRIMONIAL

ATIVO	X5	X4
Ativo Circulante	**612.723**	**443.856**
Disponível	38.882	26.656
Aplicações Financeiras	237.084	158.631
Créditos	302.688	236.453
Estoques	835	1.634
Partes Relacionadas	4.850	833
IR e CSLL diferidos	16.404	12.198
Impostos a Recuperar	508	3.009
Adiant. a colaboradores	3.312	4.084
Outros Créditos	8.160	358
Ativo Não Circulante - ARLP	**43.839**	**35.934**
Créditos com acionistas	130	172
Impostos a recuperar	1.432	876
IR e CSLL diferidos	17.680	12.624
Depósitos Judiciais	23.590	20.370
Incentivos Fiscais	0	1.122
Créditos com Controladas	1.007	770
Ativo Não Circulante - Outros	**534.603**	**386.979**
Participações em Controladas	516.929	373.748
Imobilizado	17.674	13.231
ATIVO TOTAL	**1.191.165**	**866.769**

PASSIVO + P.L.	X5	X4
Passivo Circulante	**563.764**	**369.094**
Empréstimos e Financiamentos	44.942	11.879
Fornecedores	38.070	17.197
Impostos, Taxas e Contribuições	75.536	52.776
Dividendos a Pagar	212.769	127.267
Provisões	2.703	4.544
Dívidas com Pessoas Ligadas	124.241	102.245
Salários	30.074	28.272
Fretes a pagar	13.786	10.178
Provisões Diversas	8.863	4.802
Outras Contas a Pagar	12.780	9.934
Passivo Não Circulante	**104.141**	**60.223**
Empréstimos e Financiamentos	44.290	19.549
Provisões	58.045	39.833
Outros	1.806	841
Patrimônio Líquido	**523.260**	**437.452**
Capital Social Realizado	230.762	230.762
Reservas de Capital	119.909	112.016
Reservas de Lucro	172.589	94.674
PASSIVO + P. L. TOTAL	**1.191.165**	**866.769**

D.R.E

	X5	X4
Receita Bruta de Vendas	3.127.463	2.457.896
Deduções da Receita Bruta	(721.114)	(576.564)
Receita Líquida de Vendas	**2.406.349**	**1.881.332**
Custo dos Produtos Vendidos	(960.012)	(776.170)
Resultado Bruto	**1.446.337**	**1.105.162**
Despesas com Vendas	(600.073)	(458.913)
Despesas Administrativas	(341.879)	(268.401)
Despesas Financeiras	(11.800)	(18.301)
Receitas Financeiras	31.470	21.125
Outras Despesas Operacionais	(3.640)	0
Res. Equivalência Patrimonial	(6.741)	2.788
Resultado Operacional	**513.674**	**383.460**
Resultado Não Operacional	(212)	1.098
Resultado Antes do IR e CS	**513.462**	**384.558**
Provisão para IR e CS	(116.105)	(76.969)
Participações	0	(7.178)
Lucro do Líquido	**397.357**	**300.411**

Com base no BP e DRE calcule para X5

1. **O valor do capital próprio;**
2. **O valor do capital de terceiros;**
3. **O valor do capital circulante líquido;**
4. **A margem líquida;**
5. **A rentabilidade do patrimônio líquido;**
6. **O Retorno obtido acima do custo de capital de 15% a.a.;**
7. **A liquidez corrente;**
8. **A liquidez seca;**
9. **O grau de endividamento;**
10. **A composição do endividamento.**

Com base somente nos resultados desses cálculos, responda:

1) Comprar ações desta empresa é um bom investimento?

2) Conceder crédito para esta empresa é um bom negócio?

3) Como você avalia a gestão econômica e financeira desta empresa.

Capítulo 7

ANÁLISE DE CUSTOS

OBJETIVOS DO CAPÍTULO

- Introduzir noções de custos.
- Discutir os diversos conceitos de custos à luz da sua importância no processo de tomada de decisões.
- Tratar da relação custo-volume-lucro.

7.1 Introdução

Como visto ao longo dos diversos capítulos deste livro, a Contabilidade busca avaliar o patrimônio da entidade, com vistas a oferecer, aos diversos usuários, um conjunto de informações que lhes permita tomar melhores decisões. Entre estas informações encontram-se aquelas relacionadas à produção de bens e serviços, que são chamadas de CUSTOS DE PRODUÇÃO.

As informações sobre custos de produção são elaboradas pelos Contadores, através da CONTABILIDADE DE CUSTOS, com o objetivo de fornecer auxílio na tomada de decisão para diversos propósitos: AVALIAÇÃO DE ESTOQUES, AVALIAÇÃO DE DESEMPENHO e AVALIAÇÃO DE USOS ALTERNATIVOS DE RECURSOS.

Inicialmente, torna-se imperioso fazer uma distinção entre CUSTO, DESPESA e INVESTIMENTO. Quando nos referimos a custos estamos fazendo referência a gastos realizados durante um processo de produção, que deverão ser transformados em estoques (investimentos), e que, por último, ao serem vendidos se transformam em CUSTO DA MERCADORIA VENDIDA (CMV) ou CUSTO DO PRODUTO VENDIDO (CPV). Os custos que são incorporados aos estoques serão demonstrados no Ativo, ao passo que custos dos estoques vendidos são lançados em contas de resultados do exercício.

Em termos de avaliação de estoques, são utilizados os seguintes conceitos de custos no processo de fabricação: CUSTOS DE MATÉRIA-PRIMA, CUSTOS DE MÃO DE OBRA DIRETA, CUSTOS DE MÃO DE OBRA INDIRETA, MATERIAIS INDIRETOS E CUSTOS DIVERSOS.

7.2 Noções básicas de custos

Vejamos um exemplo de custos de produção de 5 cadeiras, onde foram consumidos os seguintes recursos: madeira 100, cola 10, mão de obra direta 200, salário de supervisores 50, luz 20, depreciação de máquina 10. Supondo que todas as 5 cadeiras foram totalmente concluídas, teríamos um estoque de cadeiras no montante de 390 e o valor unitário de cada uma seria 78. Os registros seriam os seguintes:

Produção	**390**
Materiais Diretos	100
Salários Diretos	200
Materiais Indiretos	0
Salários Indiretos	50
Luz	20
Depreciação	10

Estoque de Produtos Acabados	**390**
Produção	390

Caso 3 cadeiras sejam vendidas pelo preço de 100 cada uma, poderemos apresentar o seguinte relatório

VENDAS	300
CUSTO DA MERCADORIA VENDIDA	234
LUCRO BRUTO	***66***
ESTOQUE DE PRODUTOS ACABADOS	156

Neste simples exemplo, não utilizamos outro tipo de estoque que ocupa uma posição intermediária entre o estoque de matéria-prima e o estoque de produto acabado, que é o estoque de produto em elaboração ou em processo.

(MD + MOD + CI) > EPE > EPA > CMV

Entre as informações de custos apresentadas, deve ser notada a diferenciação entre os CUSTOS DIRETOS e INDIRETOS. Esta classificação leva em conta a possibilidade de identificação dos custos com o produto sendo fabricado. Matéria-prima e mão de obra direta são custos identificados diretamente com o produto, ao passo que os outros custos são comuns a outros produtos também, ou não é possível a identificação direta (por exemplo: o supervisor pode controlar a produção de toda a fábrica ou de outros produtos).

Outra diferenciação importante é a relativa à variação do custo total em relação às variações nas quantidades ou volumes de certa atividade, ou seja, a definição de CUSTOS FIXOS E CUSTOS VARIÁVEIS. É considerado como atividade: as horas de trabalho em um setor fabril, o número de encomendas, o número de quilos processados em um armazém etc. Desta forma poderíamos dizer que os CUSTOS VARIÁVEIS são aqueles cujo custo total varia em função do volume, mas se mantêm uniformes por unidade e que os CUSTOS FIXOS, ao contrário, variam por unidade com o aumento no volume, mas se mantêm inalterados no total.

Exemplos: Digamos que sejam consumidos 2 metros de tecido para produzir um vestido. Se forem confeccionados 10 vestidos, serão gastos 20 metros de tecido, se forem produzidos 20 vestidos, serão gastos 40 metros. Este é um exemplo de CUSTO VARIÁVEL porque unitariamente o custo não varia, alterando-se o total em função do volume produzido. Para a confecção dos mesmos vestidos temos o custo de pagamento de salário mensal do supervisor da fábrica no montante de R$ 2.000. Este é um exemplo de CUSTO FIXO, independentemente do número de vestidos produzidos o custo total de salário será sempre de R$ 2.000, variando somente o custo unitário em função do número de vestidos produzidos. Se forem produzidos 10 vestidos, teremos um custo unitário de R$ 200 (2000/10), se produzirmos 20 vestidos, o custo unitário será de R$ 100 (2.000/20).

7.3 Relação custo-volume-lucro

Apresentados os conceitos de custos diretos, indiretos, variáveis e fixos, podemos agora discutir a ANÁLISE DAS RELAÇÕES CUSTO-VOLUME-LUCRO ou CÁLCULO DO PONTO DE EQUILÍBRIO, uma das técnicas largamente utilizadas pelas empresas, em diversos tipos de decisões. Esta técnica objetiva verificar o risco de certas decisões que envolvam as relações entre custo-volume-lucro. As principais técnicas disponíveis são: EQUAÇÃO, MARGEM DE CONTRIBUIÇÃO e ANÁLISE GRÁFICA.

A TÉCNICA DA EQUAÇÃO consiste em se determinar o número de unidades ou vendas que serão necessárias para que a empresa alcance o ponto de equilíbrio nas relações custo-volume-lucro. É representada pela seguinte equação:

VENDAS = GASTOS VARIÁVEIS + GASTOS FIXOS + LUCRO

E

X = NÚMERO DE UNIDADES A SEREM VENDIDAS OU O MONTANTE DE VENDAS NECESSÁRIAS PARA SE ALCANÇAR O PONTO DE EQUILÍBRIO

Supondo:

PREÇO DE VENDA UNITÁRIO = R$ 2,00	% de vendas = 100
GASTO VARIÁVEL UNITÁRIO = R$ 1,20	% de vendas = 60
GASTO FIXO TOTAL = R$ 10.000	

1) Número de unidades

R$ 2,00X = R$ 1,20X + R$ 10.000 + 0

X = R$ 10.000/R$ 0,80

X = 12.500

2) Vendas = 12.500 × R$ 2,00 = R$ 25.000

3) Cálculo de Vendas quando não se conhece o preço de venda unitário nem o gasto variável unitário, mas somente o percentual do gasto variável sobre vendas unitárias.

X = 0,60X + 10.000 + 0

0,40X = R$ 10.000

X = R$ 25.000

A TÉCNICA DA MARGEM DE CONTRIBUIÇÃO procura determinar as relações custo-volume-lucro através da análise da diferença entre vendas e os gastos variáveis, definido como margem de contribuição ou contribuição marginal e também pode ser calculado em termos de unidades ou valor das vendas para se atingir o ponto de equilíbrio.

Preço de Venda Unitário	R$ 2,00	Preço de Venda	100%
Gastos Variáveis Unitários	R$ 1,20	Gastos Variáveis	60%
Margem de Contribuição Unitária	R$ 0,80	Margem de Contribuição	40%

PE = MCU/CF +LUCRO = 12.500 unidades

PE = CF + LUCRO/MC = R$ 25.000

A TÉCNICA GRÁFICA consiste em representar graficamente as relações custo-volume-lucro.

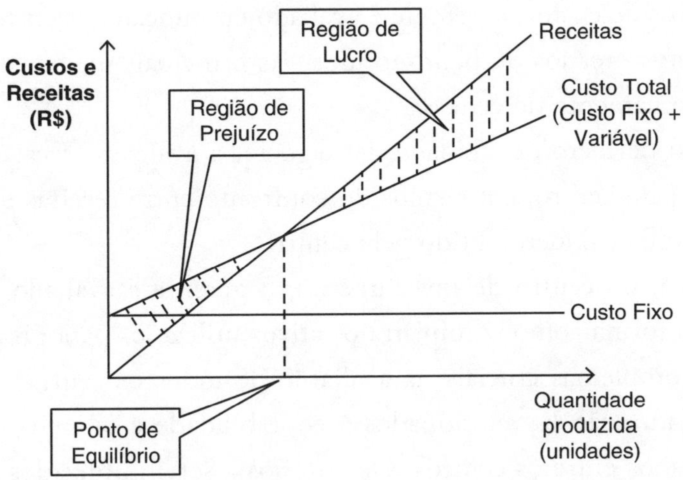

Como se pode perceber, a análise das relações custo-volume-lucro possibilita um planejamento e controle mais efetivo por permitir a construção de cenários sobre programas de redução de custos, expansão de vendas ou projeção de lucros. No exemplo utilizado não usamos informações sobre o lucro desejável, para tanto bastaria incluirmos esses dados em qualquer dos tipos de análise.

Outro aspecto relevante a ser considerado é que este tipo de análise é muito mais abrangente do que a realizada com dados oriundos da demonstração de resultados, por simular os efeitos de mudanças nas relações custo-volume-lucro com relação ao futuro do negócio.

Assim como já alertado quando da discussão sobre as limitações da análise das demonstrações financeiras, também esta ferramenta gerencial tem que ser usada com cautela, pois somente tem validade dentro do espaço ou área das relações custo-volume-lucro utilizadas e de uma série de hipóteses que podem ou não se confirmar. Por exemplo: comportamento linear das receitas e despesas; preços de venda não se alterando com aumento ou diminuição da produção etc.

Outra utilização de informações de custos são as relativas à avaliação de desempenho. Com este propósito a empresa é estruturada em centros de responsabilidades, cujo desempenho passa a ser avaliado e confrontado com o desempenho global da empresa. Aqui são usados os conceitos de Centro de Custos, Centro de Lucros ou Centros de Investimentos.

Nos centros de custos, o gerente é avaliado em função dos custos incorridos *versus* os custos orçados ou padronizados. As principais medidas são o custo-padrão e o orçamento do centro.

No centro de lucro ou unidade de negócio, a avaliação recai no resultado apresentado pelo centro, em termos do confronto entre receitas e despesas. A principal medida é o lucro obtido pelo centro.

Por último, no centro de investimento, o gerente é avaliado pelo lucro e também pela forma como administra os ativos utilizados para proporcionarem o lucro. Os problemas cruciais na avaliação de todos os centros, custo, lucro ou investimento, são os relacionados à contabilidade e os preços de transferência praticados entre os centros. Os critérios a serem utilizados na avaliação dos resultados apresentados pelos centros têm que levar em conta os itens que estão sob o controle dos responsáveis pelos centros, avaliando de forma separada os resultados que, embora sejam imputados aos centros, foram originados externamente.

Quanto às transferências de produtos ou serviços entre os centros, deve prevalecer uma política que seja capaz de identificar de forma adequada os ganhos ou perdas de eficiência de cada centro e sua contribuição ao resultado global da empresa. Quaisquer que sejam os instrumentos utilizados no processo de avaliação de desempenho, transferências a preço de custo ou a preço de mercado, deve ser evitada a qualquer custo a transferência de ineficiências de um centro para o outro, caso em que ocorreriam disfunções administrativas, ocasionando resultados desfavoráveis para alguns centros e para a empresa como um todo.

Finalmente, as informações de custos são bastante úteis nas decisões especiais que envolvam análise de alternativas de investimentos, como por exemplo produzir internamente ou usar os serviços de terceiros. Aqui deverão ser considerados os conceitos de custos evitáveis e inevitáveis, custos diferenciais, custos afundados e custos de oportunidade. Decisões dessa natureza, diferentemente das informações usuais de custos, baseadas em dados do passado, são voltadas para o futuro. Todos estes conceitos de custos encontram-se relacionados com fatos que deverão ocorrer, não sendo relevantes para este tipo de decisão o que já ocorreu e o que não se consegue mais mudar. Por exemplo, na decisão de fechamento de uma fábrica ou de descontinuidade de uma linha de produção, tem-se que levar em conta os custos que são realmente relevantes, distinguindo-se os custos que poderão ser evitados de outros que continuarão a existir, assim como o custo de se abrir mão de uma alternativa em benefício de outra. Em resumo, o que importa é a diferença que se espera obter com a decisão.

Como procuramos mostrar ao longo deste capítulo, diversas são as ferramentas disponíveis para análise de negócios. Guardadas as devidas proporções, muito se poderá aprender com a aplicação criteriosa dos temas abordados. Por mais problemáticos que possam parecer, são pistas importantes que podem aperfeiçoar a capacidade preditiva sobre o patrimônio dos mais diversos tipos de empresas. Por se tratar de um livro de caráter introdutório, muitos dos temas não foram aprofundados, com o objetivo de não confundir ou dificultar o entendimento.

CASO 13 • Empresa Cópia & Clonagem

A empresa Cópia & Clonagem opera e presta serviços com máquinas de fotocópias em universidades, bibliotecas e locais públicos. Os dados a seguir estão relacionados com uma nova oportunidade de expansão:

- ☐ Aluguel mensal das máquinas = $1.500
- ☐ Aluguel mensal do espaço = $1.000
- ☐ Total de salário mensal dos operadores = $1.250
- ☐ Preço de cada cópia = $0,20
- ☐ Custo do papel e graduador de tom rateado por cópia = $0,05

Os sócios da Cópia & Clonagem querem elaborar um projeto de viabilidade econômica e financeira dessa expansão, mas estão encontrando dificuldades no cálculo de alguns indicadores. Nesse sentido, resolvem contratar uma consultoria para esclarecer as seguintes questões:

1) Qual o ponto de equilíbrio contábil em números de cópias desta oportunidade?

2) Qual deverá ser o número de cópias tiradas por mês para obter um lucro mensal de $2.250?

3) Se a empresa modificar a remuneração dos operadores, pagando $0,06 por cópia ao invés de salário fixo, qual será, respectivamente, o novo ponto de equilíbrio contábil e o econômico (para obter um lucro de $2.250)?

Faça o papel do consultor e elabore um relatório com todos os cálculos e esclarecimentos para essas questões dos sócios da Cópia & Clonagem.

CASO 14 • Indústria Sempre Frio S/A

A empresa *Sempre Frio S/A* produz e vende aparelhos de ar condicionado, através de um levantamento na sua contabilidade de custos chegou aos seguintes números:

❑ ***Custos e despesas fixos:***

Depreciação de equipamentos	$100.000/ano
Mão de obra Indireta	$400.000/ano
Seguros da fábrica e dos equipamentos	$38.000/ano
Outros custos e despesas fixos	$150.000/ano

❑ ***Custos e despesas variáveis:***

Materiais diretos	$200/u
Mão de obra direta	$100/u
Embalagem	$70/u
Comissões de vendedores	$20/u
Outros custos e despesas variáveis	$10/u

Sabendo-se que o preço de venda é de $2.000/unidade, pede-se:

a) Quantos aparelhos de ar condicionado devem ser produzidos e vendidos por ano para atingir o ponto de equilíbrio?

b) Se a empresa quiser ter um lucro de 30% sobre as receitas totais, quantas unidades devem ser produzidas e vendidas durante o ano?

CASO 15 • Empresa de Confecções Sonho de Verão

Depois de muito pesquisarem diversas oportunidades de negócios, os amigos Ricardo, Leonardo, Jorge e Rafael resolveram reunir suas economias para fundar a empresa de confecções Sonho de Verão. Após terem recebido o sinal verde da senhora Gisele, gerente do Banco Bonzinho, sobre a possibilidade de obtenção de um financiamento de R$ 50.000, para ser pago no final do ano, verificaram que poderiam iniciar o negócio. Na oportunidade, os novos sócios combinaram com a Contadora dona Luciana que a firma teria um capital inicial de R$ 400.000, dividido em partes iguais.

Tendo recebido o dinheiro do Banco Bonzinho, os quatro sócios resolveram integralizar 50% do capital para fundarem o negócio, pedindo para dona Luciana cuidar dos registros contábeis relativos à entrada dos recursos na nova empresa, tendo todo o dinheiro sido depositado no Banco Bonzinho.

Com parte do dinheiro proveniente da integralização mais o financiamento do banco, adquiriram um prédio por R$ 200.000 no bairro do Engenho de Dentro, com um sinal de 30% e os restantes 70% financiados em dois anos. Compraram máquinas industriais por R$ 80.000 e alguns móveis por R$ 20.000, ambos à vista, passando todas as informações para dona Luciana para que nada ficasse de fora dos registros.

Logo após estas providências iniciais, um dos sócios, encarregado das vendas da firma, informou que havia conseguido tirar o primeiro pedido de venda de R$ 30.000 em calças femininas, a um preço unitário de R$ 28, para entrega em 90 dias, e que o pagamento seria efetuado somente na data da entrega da mercadoria.

De modo a poderem iniciar a produção das calças, os sócios compraram os materiais necessários para a confecção das calças (tecidos, linhas, botões e outros aviamentos). A compra foi efetuada na fábrica do senhor Rodrigo, que, por ser amigo de infância de um dos sócios, concordou em receber o pagamento no valor de R$ 200.000, em 60 dias.

No primeiro mês de atividades da empresa e início de seu ciclo operacional, incorreu em custos de mão de obra de R$ 100.000 que serão pagos no dia 5 do mês seguinte. Outros custos foram: depreciação mensal do imobilizado R$ 15.000, Luz e força R$ 80.000 e Salário do Supervisor da Fábrica R$ 5.000. Estes outros custos foram pagos no decorrer do mês.

Preocupados com o planejamento e controle das atividades da empresa, os sócios solicitaram à Contadora que preparasse uma análise financeira da empresa e um fluxo de caixa, onde deveria ser mantido um nível mínimo de caixa no montante de R$ 10.000.

No segundo mês de operações os sócios resolveram integralizar o restante do capital de modo a poderem arcar com a continuidade do processo produtivo. Foram pagos os salários do mês anterior mais os custos incorridos durante o mês no valor de R$ 90.000 (luz e força R$ 85.000 e salário do supervisor R$ 5.000), mais a depreciação de R$ 15.000. Os custos de mão de obra do mês, a serem pagos no mês seguinte, foram de R$ 100.000. Durante este mês foi encerrada a produção das 25.000 calças e aceito uma nova encomenda de 30.000 calças a um preço unitário R$ 30,00, da firma Encalhada, com entrega para 60 dias.

Dando início a um novo ciclo operacional, a empresa incorre nos seguintes custos: matéria-prima R$ 200.000, com pagamento para 90 dias; mão de obra R$ 100.000, para ser paga no mês seguinte; custos diversos R$ 200.000, pagos no mês, e depreciação R$ 15.000. Durante este período a empresa pagou fornecedores e salários a pagar e obteve um novo empréstimo bancário no valor de R$ 495.000.

Durante o mês seguinte a empresa entrega a primeira encomenda, emitindo a nota fiscal no valor de R$ 840.000, recebendo 50% e emite duplicata para recebimento do saldo em 30 dias. Amortiza empréstimos bancários no valor de R$ 170.000, paga salários do mês anterior e custos diversos no montante de R$ 150.000. E incorre em custos de depreciação de R$ 15.000. É concluída a segunda encomenda.

No período seguinte a empresa efetua o pagamento de fornecedores, do empréstimo bancário e dos salários do mês anterior. Recebe as duplicatas relativas à primeira encomenda e 50% da segunda encomenda, ficando o saldo para ser recebido em 30 dias.

Tendo terminado toda a produção para atender às duas encomendas e não tendo nenhum pedido em carteira no momento, a empresa pede à Contadora que apresente os relatórios contábeis relativos aos diversos períodos para que os sócios possam fazer uma avaliação dos negócios até agora. Lembram à Contadora que durante este mês ainda incorreram em gastos de salários dos operários no montante de R$ 20.000; luz e força de R$ 10.000 e o salário do supervisor de R$ 5.000, e que também deve ser lançada a depreciação do imobilizado, no montante de R$ 15.000. Por último, receberam a notificação do banco de que haviam efetuado um débito na conta da empresa no valor de R$ 25.000, referente aos juros dos empréstimos concedidos à empresa.

Pede-se:

Elabore um relatório de custos, com o registro das operações e apuração de resultados.

REFERÊNCIAS

BRASIL, **Comissão de Valores Mobiliários**. Deliberação CVM n. 29/1986. Aprova e referenda o pronunciamento do Instituto Brasileiro de Contadores - IBRACON, sobre estrutura conceitual básica da contabilidade.

BRASIL, **Comissão de Valores Mobiliários**. Instrução CVM n. 527/2012. Dispõe sobre a divulgação voluntária de informações de natureza não contábil denominadas LAJIDA e LAJIR.

BRASIL, **Comissão de Valores Mobiliários**. Nota Explicativa **à** Instrução CVM n. 527/2012, que dispõe sobre a divulgação voluntária de informações de natureza não contábil denominadas LAJIDA e LAJIR.

BRASIL, **Congresso Nacional**. Lei n. 6.404/1976. Lei das sociedades por ações.

BRASIL, **Congresso Nacional**. Lei n. 11.638/2007. Altera e revoga dispositivos da Lei n. 6.404, de 15 de dezembro de 1976, e da Lei n. 6.385, de 7 de dezembro de 1976, e estende às sociedades de grande porte disposições relativas à elaboração e divulgação de demonstrações financeiras.

BRASIL, **Congresso Nacional**. Lei n. 11.941/2009. Conversão da Medida Provisória n. 449, de 2008.

BRASIL, **Conselho Federal de Contabilidade**. Resolução n. 750/1993. Dispõe sobre os Princípios Fundamentais da Contabilidade.

BRASIL, **Conselho Federal de Contabilidade**. **Resolução** n. 774/1994. Aprova o Apêndice à Resolução sobre os Princípios Fundamentais de Contabilidade.

BRASIL. **Conselho Federal de Contabilidade**. Resolução CFC n. 1.055/2005. Cria o Comitê de Pronunciamentos Contábeis (CPC), e dá outras providências.

BRASIL, **Conselho Federal de Contabilidade**. Resolução n. 1.255/2009. Aprova a NBC T 19.41 – Contabilidade para Pequenas e Médias Empresas: Normas Brasileiras de Contabilidade NBC T 19.41.

COMITÊ DE PRONUNCIAMENTOS CONTÁBEIS (CPC). **Pronunciamento Técnico CPC 00 (R1)**: Estrutura Conceitual para Elaboração e Divulgação de Relatório Contábil-Financeiro. Brasília, 2012.

COMITÊ DE PRONUNCIAMENTOS CONTÁBEIS (CPC). **Pronunciamento Técnico CPC 03 (R2)**: Demonstração dos Fluxos de Caixa. Brasília, 2010.

COMITÊ DE PRONUNCIAMENTOS CONTÁBEIS (CPC). **Pronunciamento Técnico CPC 26 (R1)**: Apresentação das Demonstrações Contábeis. Brasília, 2011.

COMITÊ DE PRONUNCIAMENTOS CONTÁBEIS (CPC). **Pronunciamento Técnico CPC 46**: Mensuração do Valor Justo. Brasília, 2012.

COMITÊ DE PRONUNCIAMENTOS CONTÁBEIS (CPC). **Pronunciamento Técnico PME (R1)**: Contabilidade para Pequenas e Médias Empresas. Brasília, 2009.

GOMES, J. S. **Contabilidade para MBAs: Textos e Casos**. Rio de Janeiro, Ed. Campus, 2000.

HENDRIKSEN, E. S.; VAN BREDA, M. F. **Teoria da contabilidade.** São Paulo: Atlas, 1999.

IASB. **The Conceptual Framework for Financial Reporting (IASB – BV 2011 *Blue Book*).** London: IASCF, 2011.

IASB. **The International Financial Reporting Standard for Small and Medium-sized Entities (IFRS for SMEs)**. London: IASCF, 2009.

MACINTOSH, N. B. **Management Accounting and Control Systems: An Organizational and Behavioral Approach.** Chichester, John Wiley & Sons Ltd., 1994.

SCHROEDER, R. G.; CLARK, M. W.; CATHEY, J. M. **Financial Accounting Theory and Analysis: Text and Cases**. 10th Edition. Hoboken. John Wiley & Sons, Inc. 2011.

Impresso nas oficinas da
SERMOGRAF - ARTES GRÁFICAS E EDITORA LTDA.
Rua São Sebastião, 199 - Petrópolis - RJ
Tel.: (24)2237-3769